ŒUVRES COMPLÈTES
DE
Alfred de Vigny

THÉATRE

QUITTE POUR LA PEUR
LA MARÉCHALE D'ANCRE — CHATTERTON

PARIS
ALPHONSE LEMERRE, ÉDITEUR
27-31 PASSAGE CHOISEUL 27-31

M DCCC LXXXV

ŒUVRES COMPLÈTES

DE

Alfred de Vigny

ŒUVRES COMPLÈTES
DE
Alfred de Vigny

THÉATRE

**

QUITTE POUR LA PEUR
LA MARÉCHALE D'ANCRE — CHATTERTON

PARIS
ALPHONSE LEMERRE, ÉDITEUR
27-31 PASSAGE CHOISEUL 27-31

M DCCC LXXXV

LA
MARÉCHALE D'ANCRE

DRAME EN CINQ ACTES

REPPRÉSENTÉ POUR LA PREMIÈRE FOIS, A PARIS,
A L'ODÉON

Le 25 juin 1831

AVANT-PROPOS

La minorité de Louis XIII finit comme elle avait commencé, par un assassinat. Concini et la Galigaï régnèrent entre ces deux crimes. Le second m'a semblé être l'expiation du premier ; et, pour le faire voir à tous les yeux, j'ai ramené au même lieu le pistolet de Vitry et le couteau de Ravaillac, instruments de l'élévation et de la chute du maréchal d'Ancre, pensant que si l'art est une fable, il doit être une fable philosophique.

Il me suffira d'indiquer ici les ressorts cachés par lesquels se meut tout l'ouvrage. Les spectateurs et les lecteurs attentifs sauront en suivre le jeu, et ceux qui les ont découverts me sauront gré de n'avoir pas laissé ces ressorts à nu dans le corps du drame.

Au centre du cercle que décrit cette composition, un regard sûr peut entrevoir la Destinée, contre laquelle nous luttons toujours, mais qui l'emporte sur nous dès que le Caractère s'affaiblit ou s'altère, et qui, d'un pas très sûr, nous mène à ses fins mystérieuses, et souvent à l'expiation, par des voies impossibles à prévoir. Autour de cette idée, le pouvoir souverain dans les mains d'une femme ; l'incapacité d'une cour à manier les affaires publiques ; la cruauté polie des favoris ; les besoins et les afflictions des peuples sous leurs règnes ; ensuite les tortures du remords politique ; puis celles de l'adultère frappé, au milieu de ses joies, des mêmes peines qu'il donnait sans scrupule ; et, après tout, la pitié que tous méritent.

Juillet 1831.

… MARÉCHALE D'ANCRE

PERSONNAGES
ET DISTRIBUTION DES ROLES
TELLE QU'ELLE EUT LIEU A L'ODÉON
Le 25 juin 1831

LA MARÉCHALE D'ANCRE.	Mlle GEORGES.
CONCINI	M. FRÉDÉRICK LEMAITRE.
BORGIA.	M. LIGIER.
ISABELLA.	Mlle NOBLET.
PICARD.	M. FERVILLE.
SAMUEL.	M. DUPARAY.
DE LUYNES.	M. DOLIGNY.
FIESQUE	M. DELAFOSSE.
THÉMINES	M. ÉRIC-BERNARD.
DÉAGEANT	M. VALKIN.
MADAME DE ROUVRES. .	Mlle GEORGES cad^{te}.
MADAME DE MORET. . .	Mlle DUCHEMIN.
LE PRINCE DE CONDÉ. .	M. ARSÈNE.
VITRY	M. DELAISTRE.
MONGLAT.	M. CHILLY.
CRÉQUI.	M. PAUL.
D'ANVILLE	M. MONLAUR.
LE COMTE DE LA PÈNE .	M. TOM.
DE THIENNES.	M. CH. HOSTER.
PREMIER LAQUAIS DE CONCINI.	M. TOURNAN.
DEUXIÈME LAQUAIS.	M. RIHOELLE.
PREMIER GENTILHOMME DE CONCINI	M. AUGUSTE.
PREMIER OFFICIER	M. SAINT-PAUL.

CARACTÈRES

LA MARÉCHALE D'ANCRE.

Femme d'un caractère ferme et mâle, mère tendre et amie dévouée; calculée et dissimulée à la façon des Médicis, dont elle est l'élève; manières nobles, mais un peu hypocrites; teint du Midi sans couleurs; gestes brusques parfois, mais habituellement composés.

CONCINI.

Parvenu insolent, incertain dans les affaires, mais brave l'épée à la main. Voluptueux et astucieux Italien, il regarde et observe longtemps avec précaution avant de parler; il croit voir des pièges partout, et sa démarche est indécise et hautaine comme sa conduite; son œil fin, impudent et cauteleux.

« Jamais, dit un historien du temps, esclaves ne furent tant serfs de leurs maistres qu'il l'estoit de ses voluptez; jamais esclave tant fugitif de son maistre

qu'il l'estoit des lois de la justice. — Il estoit grand et droit, et bien proportionné de son corps; mais depuis quelque temps l'appréhension qu'il avoit le rendoit plus pâle de visage, plus hagard en ses yeux, et plus triste son teint basané. »

BORGIA.

Montagnard brusque et bon. Vindicatif et animé par la vendetta, comme par une seconde âme; conduit par elle comme par la destinée. Caractère vigoureux, triste et profondément sensible. Haïssant et aimant avec violence. Sauvage par nature, et civilisé comme malgré lui par la cour et la politesse de son temps.

Silencieux, morose et rude de gestes et attitudes. Teint presque africain. Costume noir. Épée et poignard d'acier bronzé.

ISABELLA MONTI.

Jeune Italienne naïve et passionnée. Ignorante, dévote, sauvage, amoureuse et jalouse. Passant de l'immobilité à des mouvements violents et emportés. Costume corse, élégant et simple.

FIESQUE.

Blanc, blond, frais, rose, de joyeuse humeur et de vie heureuse. L'air ouvert, franc, étourdi, l'allure légère et gracieuse, le nez au vent, le poing sur la hanche, les gants à la main, la canne haute. Bon et spirituel garçon.

Habit de courtisan recherché. Attitude de raffiné d'honneur. Rubans et nœuds galants de couleurs tendres. Une aiguillette zinzolin, jaune et noire, comme tous les gentilshommes du parti de Concini.

SAMUEL MONTALTO.

Riche et avare, humble et faux. — *Juif de cour. Pas trop sale au dehors, beaucoup en dessous. Beau chapeau et cheveux gras.*

DÉAGEANT.

L'histoire dit qu'il trompait le roi, la reine mère et la maréchale par de fausses confidences.

Magistrat, courtisan à la figure pâle, au sourire continuel, à l'œil fixe. Il marche en saluant, et salue presque en rampant. Il ne regarde jamais en face et prend de grands airs quand il est le plus fort.

Habit du parlement.

PICARD.

Homme de bon sens et de bon bras. — *Gros et gras, franc du collier, probe et brusque. Superstitieux par éducation, mais se méfiant un peu de son penchant à croire les bruits merveilleux.* — *Habitude de respect pour les seigneurs. Énergie de la Ligue et des guerres de Paris.*

Habits simples et propres de bourgeois armés du temps.

M. DE LUYNES.

Très jeune et très blond. Favori ambitieux et cruel; froid, poli et roide en ses manières. Empesé dans ses attitudes; ayant cet aplomb imperturbable de l'homme qui se sent le maître et sait le secret de son pouvoir.

MADAME DE ROUVRES.

Femme de la cour, importante, égoïste, hautaine et fausse.

MADAME DE MORET.

Femme de la cour, élégante, insouciante et égoïste.

M. DE THÉMINES.

Quarante-cinq ans. Grave et froid personnage qui sait la cour parfaitement. Ironique dans ses politesses, et ayant toujours une arrière-pensée.

LE PRINCE DE CONDÉ. (Henri II de Bourbon.)

Il avait alors trente ans. Chef des mécontents. Manières nobles et un peu hautaines. Il est placé à peu près comme Louis XIII dans l'histoire: entre deux grands hommes. Son grand-père fut le fameux Condé, protestant, compagnon d'armes de Coligny, tué à Jarnac; son fils fut le grand Condé. — Ce qui le particularise le mieux est l'amour du vieux Henri IV pour sa jeune femme, qu'il mit en croupe derrière lui et emmena hors de France.

LE BARON DE VITRY.

Homme de guerre et de cour, déterminé et sans scrupules. Un de ces hommes qui se jettent à corps perdu dans le crime, sans penser qu'il y ait au monde une conscience et un remords. — Allure cavalière d'un matador.

CRÉQUI.

Avantageux et joueur.

MONGLAT.

Rieur impertinent.

D'ANVILLE.

Insouciant.

DE THIENNES.

Un: des basanés à mille francs de Concini.

LE COMTE DE LA PÈNE.

Enffant délicat et mélancolique.

LA MARÉCHALE D'ANCRE

ACTE PREMIER

Une galerie du Louvre. — Des seigneurs et gentilshommes jouent autour d'une table de trictrac, à gauche de la scène*. — Au fond de la galerie passent des groupes de gens de la cour qui vont chez la reine mère.

SCÈNE PREMIÈRE

LE MARÉCHAL DE THÉMINES, FIESQUE, CRÉQUI, MONGLAT, D'ANVILLE, SAMUEL, BORGIA.

CRÉQUI, *au jeu.*
Monsieur de Thémines a encore perdu.

* Ces mots: droite et gauche de la scène, doivent s'entendre de la droite et de la gauche des acteurs.

FIESQUE, *à Samuel.*

Eh! te voilà, vieux mécréant! Que viens-tu faire au Louvre, Samuel?

SAMUEL MONTALTO, *bas.*

Vendre et acheter si j'en trouve l'occasion. Mais, mon gentilhomme, ne me nommez pas Samuel ici, je vous prie. J'ai pris un nom de chrétien; je m'appelle Montalto à Paris.

FIESQUE.

Est-ce que tu fais toujours de la fausse monnaie, l'ami? Serais-tu toujours alchimiste, nécromancien et physicien, dans ton vieux laboratoire? ou as-tu peur d'être pendu seulement comme usurier?

SAMUEL.

Usurier! je ne le suis plus: je prête gratis, à présent.

FIESQUE.

Si tu prêtes gratis, tu fais bien de venir au jeu ce soir; tu trouveras des amis à obliger. Pour moi, je ne te demanderai qu'un conseil.

Il le tire à part, à droite de la scène.

Regarde ce Corse au teint jaune, à la moustache noire, à l'œil sombre.

SAMUEL.

C'est Borgia.

FIESQUE.

Lui-même. On dit qu'il cache, dans un coin de Paris, la plus jolie fille dont le soleil d'Italie ait jamais cuivré les joues.

SAMUEL, *à part.*

Bon! en voilà déjà deux qui savent qu'elle est ici. Le maréchal d'Ancre a voulu me l'acheter hier.

Haut.

Monsieur de Fiesque, je ne voudrais pas, pour mille pistoles, répéter ce que vous venez de dire. Borgia est jaloux et violent. Jamais le grand Salomon n'eut autant de portes et de rideaux que ce Corse silencieux, pour cacher sa Sunamite aux yeux noirs. Je vois cette femme tous les jours, moi; mais c'est parce que je suis vieux.

FIESQUE.

Et moi aussi, moi qui suis jeune, pardieu! je l'ai vue, et j'en suis épris, Samuel. Je sais où elle demeure.

SAMUEL.

Chut! Vous me feriez poignarder par lui. Où croyez-vous donc qu'elle demeure?

FIESQUE.

Chez toi, mécréant! Et le maréchal d'Ancre rôdait avec moi le jour où je la vis.

SAMUEL.

Mais taisez-vous donc! Borgia vous a entendu...

THÉMINES.

Eh bien, mettez-vous au jeu, monsieur Borgia?

BORGIA.

Non, monsieur, non.

THÉMINES.

Vous êtes distrait?

BORGIA.

Oui.

THÉMINES, *à l'un de ses fils, vers lequel il se penche en arrière du trictrac.*

Ce n'est pas peu de chose que de mettre la main sur un prince du sang; mais il me faut de l'argent. Suivez bien le coup, mon fils, et si je perds, allez dire à monsieur de Bassompierre qu'il peut compter sur moi. Que mettez-vous au jeu, Borgia?

BORGIA.

Rien. Je ne joue jamais.

THÉMINES.

C'est mal. Il faut que les jeunes gens aiment le jeu pour se mettre bien en cour ici. Allons!

BORGIA. *Il passe du côté de Samuel avec méfiance.*

J'ai jeté d'autres dés.

MONGLAT, *à demi-voix, à Thémines.*

Eh! monsieur de Thémines, ne comptons pas

sur un pauvre Corse pour le jeu. C'est encore un de ces Italiens que Concini nous a amenés et qui n'ont que la cape et l'épée.

FIESQUE *poursuit, frappant sur l'épaule de Samuel.*
Samuel, mon ami, il faut que je la voie demain.

BORGIA, *tournant autour d'eux.*
De quoi parle-t-il?

FIESQUE.
Et tu me garderas le secret?

SAMUEL.
Ma mémoire est fermée comme mon coffre-fort. Tout peut y entrer et y tenir, mais rien n'en sort. Je garderai donc votre secret; mais vous ne la verrez pas.

BORGIA. *Il s'approche pour entendre.*
Depuis un mois à Paris, suis-je déjà épié par ces rusés jeunes gens?

SAMUEL.
Vous croyez l'aimer?

FIESQUE.
J'en suis, parbleu! bien sûr.

BORGIA, *à Samuel, très bas.*
Si tu lui réponds, tu es mort!
Ici il se retire.

FIESQUE, *n'ayant rien remarqué.*

Tu commenceras par prendre pour elle ce beau diamant, monté autrefois par Benvenuto Cellini.

Samuel prend le diamant, fait signe qu'il consent et s'éloigne.

FIESQUE, *le suivant.*

Ensuite tu m'attendras à ton cinquième étage...

Samuel se retire encore.

Et puis tu lui feras la leçon... Mais réponds donc!...

Samuel lui fait un signe de silence, en mettant la main sur la bouche, et sort.

Mais prends bien garde que madame la maréchale n'en apprenne rien; je suis trop en faveur à présent pour risquer de me brouiller avec elle, entends-tu bien? Elle a des espions; les connais-tu?

Samuel se retire en faisant signe qu'il les connaît.

Eh bien, coquin! répondras-tu?

Samuel s'évade, et Borgia se trouve nez à nez avec Fiesque.

BORGIA.

Je vous répondrai, moi, monsieur.

FIESQUE.

A quelle question, monsieur?

BORGIA.

A toutes, monsieur.

FIESQUE.

Eh bien, voyons, pour votre compte. Qui êtes-vous ?

BORGIA.

Ce que je vous souhaite d'être : un homme.

FIESQUE.

Homme, soit ; mais gentilhomme, tout au plus.

BORGIA.

Noble comme le roi. J'ai mes preuves.

FIESQUE, *lui tournant le dos.*

Ma foi ! il faut que je les voie avant de croiser le fer. N'êtes-vous pas un des serviteurs à mille francs du maréchal ? Quelle est votre place parmi ses amis,... la dernière ?

BORGIA.

La première parmi ses ennemis et les vôtres.

FIESQUE.

Eh bien, soit. Je vous verrai mieux demain. J'ai assez du son de votre voix.

BORGIA.

Demain, c'est trop tard. Sortons tous deux.

FIESQUE.

Écoutez. Vous arrivez à la cour d'aujord'hui ? Je le veux bien : ce sera un bon début, ui vous fera honneur. Mais je veux parler un peu, pour ne pas sortir sur-le-champ. Ensuite je suis vous... malgré la pluie. Ne nous faisons pas remarquer, c'est ridicule. Attendons qu'on entre pour ortir.

MONGLAT, *à Fiesque.*

Voilà un beau coup. Je bats votre coin ar doublet et marque six points.

En se renversant du trictrac où il joue.

Eh bien, Fiesque, encore une affaire denin ?

FIESQUE.

Ah! celle-là ne vaut pas qu'on en parle.

Il va suivre le jeu de Monglat en s'appuant sur sa chaise.

MONGLAT.

Vas-tu seul? — Bezet!

FIESQUE.

Seul. Marque donc deux points. — O! quel temps il fait! Monsieur le prince vient-il csoir au Louvre?

MONGLAT.

Il va venir. J'ai gagné.

THÉMINES.

Monsieur le prince va venir. J'ai perdu.

A son fils, placé derrière lui.

Allez dire à monsieur de Bassompierre que madame la maréchale peut me regarder comme son serviteur.

Il se lève; les gentilshommes se groupent autour de lui.

Deux mots à vous tous, messieurs de l'aiguillette jaune, rouge et noire. Nous sommes ici plus de gentilshommes qu'il n'en faut pour un coup de main ; et je crois qu'aujourd'hui la maréchale d'Ancre décidera la reine à une entreprise très hardie. Nous avons là deux compagnies de gardes françaises et les Suisses du faubourg Saint-Honoré.

CRÉQUI.

Ma foi, je suis tout à vous, marquis ; et je serai ravi de voir comment se comportera mon frère aîné, qui est tout au Condé. Quand faudra-t-il croiser l'épée ?

THÉMINES.

Quand je mettrai la main sur la mienne ; et cela ne m'arrivera qu'après l'ordre de la reine : vous le savez, monsieur de Monglat ?

MONGLAT.

Je sais aussi qu'elle ne le donnera pas qu'elle n'ait reçu ses ordres elle-même de madame la maréchale d'Ancre ?

CRÉQUI.

Savez-vous que la tête de cette femme est la plus forte du royaume ?

FIESQUE.

Mais... oui, oui... nous le savons !

MONGLAT.

Et peut-être son cœur...

THÉMINES.

Oh ! quant à cela, elle est brave comme un homme, mais elle n'a pas l'âme tendre d'une femme ; elle est incapable de ce que nous nommons belle passion.

CRÉQUI.

Eh ! Fiesque, qu'en dis-tu ?

FIESQUE.

Parbleu ! ne fais pas l'esprit pénétrant, Créqui. Je suis bien aise de pouvoir le déclarer ici, devant tout le monde : il n'est point vrai qu'elle m'ait aimé. Je ne prendrai pas des airs d'important, et j'avoue que je lui ai fait la cour pendant six longs mois. Vous m'avez cru plus heureux que je n'étais, car je ne fus seulement que le moins mal reçu. Par exemple, j'y ai gagné de l'avoir pour amie, et de la connaître mieux que personne. Très heureux de m'être retiré sans trop de honte comme Beaufort, sans gaucherie comme Coigny, et sans bruit et disgrâce comme Lachesnaye.

MONGLAT.

Il est de fait que nous la voyons mal, messieurs, et de trop loin.

FIESQUE.

Eh! franchement, qu'en pensez-vous, Monglat?

MONGLAT.

Je la crois superstitieuse et faible, car elle consulte les cartes.

FIESQUE.

Et vous, Créqui?

CRÉQUI.

Moi, je la crois presque fée; car elle a fait de Concini un marquis, d'un fils de notaire un premier gentilhomme, d'un homme qui ne savait pas se tenir à cheval un grand écuyer, d'un poltron un maréchal de France, et de nous, qui n'aimons guère cet homme, ses partisans.

FIESQUE.

Et vous, d'Anville?

D'ANVILLE.

Moi, je la crois bonne et généreuse, et je crois que si les femmes de la cour la détestent, c'est parce qu'elle était une femme de rien. Si elle était née Montmorency, elles lui trouveraient toutes les qualités qu'elles refusent à Léonora Galigaï.

FIESQUE.

Et vous, monsieur de Thémines?

THÉMINES.

Puisque, avant de nous dire votre avis, vous voulez le nôtre, je m'avoue de l'opinion de d'Anville. Un pays entier, le nôtre surtout, est sujet à se tromper dans ses jugements lorsque le pouvoir élève un personnage sur son piédestal chancelant. Le pouvoir est toujours détesté; et la haine qu'on a pour l'habit, cet habit la communique comme une peste à l'homme qui le porte. Qu'il soit ce qu'il voudra ou pourra être de bon, n'importe : il est puissant! il gêne, il pèse sur toutes les têtes, il fatigue tous les yeux... La Galigaï était femme de la reine, la Galigaï est marquise, la Galigaï est maréchale de France : c'est assez pour qu'on la dise méchante, mensongère, ambitieuse, avare, orgueilleuse et cruelle. Moi, je la crois bonne, sincère, modérée, généreuse, modeste et bienfaisante; quoique ce ne soit, après tout, qu'une parvenue.

FIESQUE.

Parvenue, si l'on veut; elle est parvenue bien haut, et l'on ne fait pas de si grandes choses sans avoir de la grandeur en soi. Après tout, c'est un beau spectacle que nous donne cette petite femme qui combat d'égal à égal les plus grands caractères et les plus hauts événements de son temps. Un esprit commun n'arriverait pas là. Ne vous étonnez pas de son indifférence; en vérité, cela vient de ce qu'elle n'a rien rencontré de digne d'elle. Son regard triste et sa bouche dédaigneuse nous le disent assez.

BORGIA, *à part, sombre et écoutant avec avidité.*

Dis-tu vrai, léger Français? dis-tu vrai?

FIESQUE.

De vous tous qui portez ses couleurs, messieurs, et de tous les gentilshommes de sa cour, il n'y en a pas un qu'elle ne connaisse et n'ait jugé en moins de temps qu'il n'en met à composer son visage et à friser sa moustache et sa barbe. Son coup d'œil est sûr, ses idées sont nettes et précises ; mais, malgré son air imposant, je l'ai souvent surprise ensevelie dans une tristesse douce et tendre qui lui allait fort bien. Lequel de vous s'est imaginé qu'elle fût déjà morte pour l'amour? Celui-là s'est bien trompé... Moi, je ne suis pas suspect, car, foi d'honnête homme! j'ai été longtemps à ne pas croire au cœur ; mais elle en a un, et un cœur de veuve, affligé, souffrant et tout prêt à s'attendrir... Ce qui prouve le plus en sa faveur, c'est que son mari l'ennuie prodigieusement. Elle le traîne à sa suite avec son ambition, ses honneurs et tout son fatras de dignités, comme elle traîne péniblement la queue de ses longues robes dorées. Oh! moi, c'est une femme que j'aurais bien aimée; mais elle n'a pas voulu. Depuis ce temps-là, je ne suis plus à la cour qu'un observateur; j'ai quitté le champs clos, je regarde les combats galants, et je compte les blessés. Elle en fait partie.

TOUS.

Qui donc aime-t-elle? Nommez-le !

BORGIA, *à part*.

Effronté jeune homme, tu lui ôtes son voile!

FIESQUE.

Ah! messieurs, quel dommage qu'elle n'aime aucun de nous, ce serait la plus fidèle maîtresse et la plus passionnée du monde. Sa grandeur l'attriste et ne l'éblouit pas du tout. Elle aime à se retirer pour penser.

BORGIA, *à part.*

Plût à Dieu! plût à Dieu!

FIESQUE.

Mais nul de nous ne lui tourne la tête; j'y mettrais en gage tout mon sang et mes os, qui sont encore à moi, et dans cent ans appartiendront à tout le monde. Pour moi, j'y renonce, et laisse la place. En trois tête-à-tête, je me suis effrayé de mon néant. On ne plait pas à ces femmes-là, voyez-vous, par des sérénades et des promenades, des billets et des ballets, des compliments et des diamants, des cornets et des sonnets; tout cela doucereux, langoureux, amoureux, et rimant deux à deux, selon la ridicule mode des faiseurs de vers, dont elle fait des gorges chaudes. Ce n'est pas non plus par grands coups de hardiesse et de bras, coups de dague et d'estoc et de stylet, coups de tête folle et de cerveau diabolique à se jeter à l'eau pour ramasser un gant, à tuer un cheval de mille ducats parce qu'il ne s'arrête pas en la voyant, à se poignarder ou à peu près si elle boude, à provoquer tous ceux qui la regardent en face... Non, non, non, cent fois non. Elle a autour d'elle tous les galants cavaliers qui savent ce manège.

MONGLAT.

Vous allez voir qu'il lui faut un diseur de bonne aventure...

CRÉQUI.

Qui cherche avec elle dans le tarot la carte du soleil [*] et le victorieux valet de cœur.

FIESQUE.

Non. Il faut à cette sorte de femme un de ces traits héroïques ou l'une de ces grandes actions de dévouement qui sont pour elle comme un philtre amoureux, portant en lui plus de substances enivrantes et délirantes qu'une longue fidélité n'en peut infuser dans un débile cerveau féminin. Faute de quoi... messieurs, ne vous déplaise...

Il salue en riant.

Elle aime tout bonnement... son mari.

TOUS, *riant.*

Bah! bah! Ah! ah!

BORGIA, *à part.*

Que le premier venu ait le droit de la regarder en face et de parler d'elle ainsi! n'est-ce pas de quoi indigner?

THÉMINES.

Trêve de raillerie, messieurs : toujours est-il que nous portons ses couleurs et la servirons à qui mieux mieux, en bons amis, sinon en amants. Mais voyons sainement la situation politique de la maréchale d'Ancre. La reine mère est bien reine, et gouvernée

---

[*] C'est le neuf de cœur dans le tarot.

par la maréchale; mais le roi Louis sera bientôt Louis XIII, il a seize ans passés, sa majorité approche. Monsieur de Luynes le presse de s'affranchir de sa mère. Le jeune Louis est doux, mais rusé; il déteste l'insolent maréchal d'Ancre; au premier jour, il le jettera par terre. Le maréchal a été si loin en affaires, que la guerre civile est allumée par tout le royaume à présent. Le peuple le hait pour cela et il a raison; le peuple aime le prince de Condé, qui est devenu, vous en conviendrez bien, le seul chef des mécontents; il vient hardiment à la cour, et Paris est à lui tout à fait. Je vois donc la maréchale placée entre le peuple et le jeune roi. Rude position, dont elle aura peine à se tirer. Je dis la maréchale, car elle est, ma foi bien! la reine de la régente Marie de Médicis. Or, je ne lui vois qu'un parti à prendre, et le bruit court fort qu'elle le prendra. N'allez pas vous récrier! C'est celui d'arrêter le prince de Condé.

TOUS.

Quoi! monsieur le prince? le premier prince du sang?

THÉMINES.

Lui-même; car sans cela elle est écrasée, ainsi que la reine mère, entre le parti du roi et celui du peuple.

MONGLAT.

Sans cela, monsieur?... Dites à cause de cela. C'est un mauvais conseil à lui donner.

FIESQUE.

Non, le conseil est bon...

CRÉQUI.

C'est le pire de tous.

D'ANVILLE.

Elle n'a pas d'autre parti à prendre.

TOUS LES GENTILSHOMMES, *se querellant.*

Non, vous dis-je. — Si fait. —C'est une folie. — C'est le plus prudent ! — Vous êtes trop jeune. — Vous, trop vieux.

THÉMINES.

Silence, messieurs ! Voici la maréchale qui sort de chez la reine avec son mari, plus gonflé de sa faveur que je ne le vis jamais. Éloignons-nous un peu, et n'ayons pas l'air de les observer : vous savez qu'elle n'aime pas cela. Elle marche bien vite ; elle a l'air d'être bien préoccupée.

> *Les gentilshommes s'éloignent et se groupent au fond du théâtre ; quelques-uns se mettent au jeu de trictrac.*

SCÈNE II

LES MÊMES, CONCINI, LA MARÉCHALE D'ANCRE, SUITE.

Deux pages portent la queue de sa robe ; ils ont

l'aiguillette jaune, rouge et noire et l'habit jaune, rouge et noir, livrée de Concini.

BORGIA.

Ah! la voilà donc... Je la revois enfin après un temps si long!

FIESQUE.

Sortons à présent : l'entrée de la maréchale nous cachera.

BORGIA.

Un moment! oh! un moment!... La voilà! elle approche! Comment l'absence et l'infidélité ne détruisent-elles pas la beauté? C'est une chose injuste!

FIESQUE.

Venez vite : la pluie a cessé, et je n'ai pas envie de me faire mouiller pour vous si elle tombe encore.

BORGIA.

Pourquoi pas ? L'eau lavera votre sang.

FIESQUE.

Ou le vôtre, beau sire : nous l'allons voir.

BORGIA.

Allons donc, et que je revienne sur-le-champ.

FIESQUE.

Qui vivra reviendra. Venez.

Ils sortent en se prenant sous le bras.

SCÈNE III

LES MÊMES, *excepté* FIESQUE *et* BORGIA.

LA MARÉCHALE, *à quelques gentilshommes qui se sont levés.*

Ah! messieurs, ne vous levez pas, ne quittez pas le jeu; une distraction peut faire que le sort change de côté. J'ai d'ailleurs à parler encore à monsieur le maréchal d'Ancre.

Elle le prend à part dans une embrasure de la fenêtre, sur le devant de la scène.

Je vous en prie, ne partez pas aujourd'hui.

CONCINI.

Il faut que j'aille en Picardie d'abord, et ensuite à mon gouvernement de Normandie, Léonora, et je vous laisse près de la reine pour achever les mécontents. Vous êtes toujours aussi puissante sur la reine mère. Elle n'oublie pas que je la fis régente de France par mes bons conseils.

LA MARÉCHALE.

Non, elle ne l'oublie pas. Parlez.

A part.

Encore de l'ambition.

CONCINI.

Je voudrais acheter au duc de Wittemberg la souveraineté du comté de Montbelliard; ne pourriez-vous en dire un mot à la reine?

LA MARÉCHALE, *avec douceur.*

Encore cette prétention? Ne nous arrêterons-nous pas?

CONCINI, *lui prenant la main.*

Oui. Encore celle-ci, Léonora...

LA MARÉCHALE.

N'a-t-elle pas fait assez, monsieur? Vous êtes son premier écuyer, premier gentilhomme de la chambre, maréchal de France, marquis d'Ancre, vicomte de la Pêne et baron de Lusigny.

Très bas.

N'est-ce pas assez pour Concini?

CONCINI.

Non: encore ceci, Léonora; fais encore ceci pour moi.

LA MARÉCHALE.

La reine se lassera. Monsieur de Luynes anime chaque jour le jeune roi contre nous; prenez garde, prenez garde!

CONCINI.

Fais encore ceci pour nos enfants.

ACTE I, SCÈNE III.

LA MARÉCHALE, *tout à coup*.

Je le veux bien. Mais les bagatelles vous occupent plus que les grandes choses. Ah! monsieur, les Français ont en haine les parvenus étrangers. Occupez-vous des intrigues des mécontents; moi, je ne puis les suivre; je passe ma vie avec la reine mère, ma bonne maîtresse. C'est à vous qu'il appartient de savoir ce qui se passe au dehors et de m'en instruire.

CONCINI.

Ils n'oseront rien contre moi : je les surveille. Ne vous occupez pas d'eux, et faites seulement près de la reine ce que je vous demande.

LA MARÉCHALE.

En vérité, monsieur, tout est contre nous aujourd'hui, sur la terre et dans le ciel.

CONCINI.

Êtes-vous encore superstitieuse comme dans votre enfance, Léonora? Iriez-vous encore consulter la fiole de saint Janvier?

LA MARÉCHALE, *avec un peu d'embarras*.

Peut-être. Pourquoi non? J'ai tiré trois fois les cartes, qui annoncent un retour inquiétant. Il y a des signes, monsieur, que les meilleurs chrétiens ne peuvent révoquer en doute et qui ne vont pas contre la foi. C'est aujourd'hui le treize du mois, et j'ai vu, depuis que je suis levée, bien des présages d'assez mauvais augure. Je ne m'en laisserai pas intimider;

mais je pense qu'il vaut mieux ne rien entreprendre aujourd'hui.

CONCINI.

Et pourtant il faut arrêter le prince de Condé, qui va venir au Louvre. Demain il pourrait être trop tard ; je serai parti ; vous serez seule à Paris. Les mécontents sont bien forts : Mayenne brûle la Picardie, Bouillon fortifie Sedan, et Paris s'inquiète.

LA MARÉCHALE.

Oui ; mais si nous attaquons le prince de Condé, le peuple l'en aimera mieux.

CONCINI.

Il faut le faire arrêter.

LA MARÉCHALE.

Un autre jour.

CONCINI.

Il faut obtenir du moins un ordre positif.

LA MARÉCHALE.

De la reine?

CONCINI.

Oui, de la reine.

LA MARÉCHALE, *montrant un parchemin.*

Le voici : j'ai d'avance tout pouvoir pour vous et pour moi.

CONCINI.

Et bien, tenez, c'est un coup bien hardi, mais qui peut nous sauver.

LA MARÉCHALE.

Hélas! hélas!

CONCINI.

Quel chagrin vous fait soupirer?

LA MARÉCHALE.

L'Italie, l'Italie, la paix, le repos, Florence, l'obscurité, l'oubli.

CONCINI.

Au milieu de nos grandeurs, dire cela!

LA MARÉCHALE.

Et me charger d'une telle entreprise! aujourd'hui vendredi, le jour de la mort du roi et de la mort de Dieu!

CONCINI.

Encore cela pour assurer la grandeur future de nos enfants.

LA MARÉCHALE.

Ah! Pour eux, pour eux seuls, risquons tout, je le veux bien. Mon Dieu! la reine elle-même perd de son autorité; on l'envahit de toutes parts. Il me semble quelquefois qu'on se lasse de nous en France.

CONCINI.

Non. Je vois tout mieux que vous au dehors. Vous faites trop de bien dans Paris ; vos profusions trahissent nos richesses, et feraient croire que nous avons peur.

LA MARÉCHALE.

Il y a tant de malheureux !

CONCINI.

Vous les rendrez heureux quand les mécontents seront arrêtés.

LA MARÉCHALE.

Eh bien, donc, partez dès ce moment même, et laissez-moi agir. Je vais tout voir de près et me faire homme aujourd'hui. Ceci du moins est grand et digne de nous. Mais plus de petites demandes, de petits fiefs, de petites principautés... Promettez-le moi... Vous êtes assez riche... Plus de tout cela... c'est ignoble.

En ce moment, un gentilhomme remet un papier à Concini avec mystère.

CONCINI.

Ce sera la dernière fois... je vous le promets... Vous voilà brave à présent, je vous reconnais ; et vous hésitiez tout à l'heure !

LA MARÉCHALE.

C'était Léonora Galigaï qui tremblait : la maréchale d'Ancre n'hésitera jamais.

CONCINI.

Je vous reconnais ; votre tête est forte, mon amie.

LA MARÉCHALE.

Et mon cœur faible. Je suis mère, et c'est par là que les femmes sont craintives ou héroïques, inférieures à vous. — Dites une fois votre volonté, Concini ; cette fois seulement. Sera-ce aujourd'hui ?

CONCINI.

Je ne déciderai rien : faites-le arrêter ou laissez-lui quitter Paris ; je m'en rapporte à vous et serai content, quelque chose que vous fassiez.

LA MARÉCHALE.

Allez donc, et quittons-nous, puisqu'en ce malheureux royaume je suis toujours condamnée à vouloir.

CONCINI, *allant vers M. de Thémines.*

Monsieur de Thémines, et vous tous, messieurs, je vous dis adieu pour huit jours, et vous recommande madame la maréchale d'Ancre.

Revenant à la maréchale.

Est-il vrai que Michael Borgia soit revenu de Florence ?

LA MARÉCHALE, *portant la main à son cœur.*

A part.

Je sentais cela ici.

Haut.

Je ne l'avais pas ouï dire, mais je n'en serais pas surprise. Que vous importe?

CONCINI.

Un ennemi mortel et un ennemi con!

LA MARÉCHALE.

Que vous importe s'il vous hait? vis êtes maréchal de France.

CONCINI.

Mais nous étions rivaux; avant votre mariage, il vous aimait.

LA MARÉCHALE, *avec orgue.*

Que vous importe s'il m'aime? je suis marquise d'Ancre.

CONCINI, *lui baisant la main.*

Oui, oui, et une noble et sévère épou. Adieu!

LA MARÉCHALE, *à part, et se détournant tandis qu'il baise sa main.*

Mais bien affligée.

Haut.

Adieu.

A part.

Quel départ et quel retour! Ma destiné devient douteuse et sombre.

En passant, changeant tout à coup de visage, et parlant avec gaieté et confiance à Thémines.

Monsieur de Thémines, Bassompierre emonsieur

votre fils prétendent que je dois compter sur vous ; je vais revenir au Louvre tout à l'heure, et vous dire ce qu'il est bon de faire pour le service de Sa Majesté.

Les deux pages prennent le bas de sa robe.

THÉMINES, *en saluant profondément.*

Je vous obéirai comme à elle-même, madame.

La Maréchale sort avec Concini.

SCÈNE IV

LES MÊMES, *excepté* LA MARÉCHALE *et* CONCINI ; MONGLAT *entre.*

THÉMINES.

C'est vraiment une femme admirable. Tenons-nous sur nos gardes, messieurs, sans avoir l'air d'y penser, et remettons-nous au jeu. Mais où diantre est allé Fiesque ?

MONGLAT, *arrivant.*

Parbleu ! je me suis beaucoup diverti à le suivre. Il s'est pris de querelle avec le Corse sauvage auquel vous parliez tout à l'heure, et, comme je craignais un peu le stylet du pays et la *vendetta*, je les ai regardés faire. L'homme s'est, ma foi! battu comme nous : tout en glissant sur le pavé dans un coin de rue, Fiesque a reçu une égratignure au bras, et revient en riant comme un fou, et l'autre triste comme un mort. Les voilà qui montent l'escalier du Louvre.

THÉMINES.

Il convient, messieurs, de n'y pas faire attention. Jetez les dés, et fermons les yeux sur leur petite affaire, comme chacun de nous désirerait que l'on fît pour lui. La reine n'aime pas les duels.

CRÉQUI.

Nous ne la servons guère selon son goût.

MONGLAT.

Je suis tout disposé à ne point parler à ce nouveau venu de Florence. Nous en avons assez ici depuis quelque temps, de ces basanés, dont la cour est infestée par les Médicis.

SCÈNE V

LES MÊMES; BORGIA *et* FIESQUE *entrent et se promènent un moment ensemble.*

FIESQUE, *lui frappant sur l'épaule.*

Ma foi, monsieur di Borgia, pour un Corse, vous

êtes un brave garçon de ne m'avoir fait qu'une boutonnière à la manche de mon habit.

BORGIA, *froid et distrait.*

C'est bon, n'en parlons plus, monsieur, et quittons-nous.

FIESQUE, *le suivant.*

Je vous suis, parbleu ! tout dévoué, car j'avais glissé dans la boue et j'étais tout découvert de l'épée.

BORGIA.

Cela se peut. Quittez-moi, s'il vous plaît.

Il s'éloigne.

FIESQUE.

Je vous promets, foi de gentilhomme ! de ne pas chercher à voir votre femme, ou sœur, ou maîtresse, je ne sais.

BORGIA, *les bras croisés, frappant de sa main sur son coude.*

C'est bien ! mais quittez-moi.

FIESQUE.

Non, jamais ! Et, tout Italien que vous êtes, je vous aime beaucoup, parce que vous haïssez Concini. Si je le sers, c'est par amour pour sa femme.

BORGIA, *sombre.*

Par amour !

FIESQUE.

Et vous l'aimeriez peut-être aussi, mon ami, si vous la connaissiez.

BORGIA, *frappant du pied.*

Quittez-moi! ou recommençons l'affaire.

FIESQUE.

Pardieu! non, mon brave. Je te dis que je t'aime; et si tu veux dégainer, l'occasion va venir, car voici monsieur le Prince.

Borgia s'éloigne et se retire avec fureur contre une colonne.

SCÈNE VI

LE PRINCE DE CONDÉ *et* SA SUITE, *de vingt gentilshommes, traversant la galerie du Louvre pour se rendre chez la reine.*

LE PRINCE DE CONDÉ *regarde autour de lui avec un peu d'inquiétude en traversant la salle.*

Vous avez bien du monde ici, monsieur le Thémines.

THÉMINES, *saluant profondément.*

Ce n'est jamais assez pour monseigneur.

LE PRINCE DE CONDÉ.

Si tous ces gentilhommes sont mes amis, à la bonne heure; mais autrement...

THÉMINES, *saluant encore plus bas.*

Autrement je dirais : Ce n'est jamais assez contre monseigneur.

LE PRINCE DE CONDÉ, *passant la porte et souriant.*

Allons, allons, Thémines ! vous êtes devenu courtisan, de partisan que vous étiez.

THÉMINES, *saluant plus bas.*

Toujours le vôtre, monseigneur.

BORGIA, *à part, entre les dents.*

Un baiser, Judas ! un baiser !

SCÈNE VII

Les Mêmes, M. DE LUYNES, DÉAGEANT *et le garde des sceaux* DUVAIR. — *Tous, vêtus de noir, passent et se groupent dans un coin.* MONTALTO *rôde seul, avec un air humble, distrait et désœuvré.*

THÉMINES, *à Fiesque.*

Voici Luynes et les siens qui viennent nous observer.

LUYNES, *à Déageant.*

Mon cher conseiller! laissons tout faire devant nous. Les Condé et les Concini sont en présence, qu'ils se dévorent mutuellement; nous écraserons plus tard le vainqueur avec le nom du roi. A présent nous sommes neutres. Elle veut m'attaquer avec des intérêts, je l'attaquerai avec des passions.

THÉMINES.

Ils sont bien gênants pour la maréchale, qui vient à nous... Comment va-t-elle les recevoir?

SCÈNE VIII

Les Mêmes, LA MARÉCHALE, Suite.

DÉAGEANT, *à Luynes, dans un coin de la scène.*

Si elle fait arrêter le prince de Condé, elle est perdue. Il est trop aimé du peuple de Paris pour que cela ne soulève pas une émeute.

A part.

Cependant son coup peut réussir. Faisons-lui la cour.

Il va saluer bien bas la maréchale, et lui dit.

Madame! voici le jour de la fermeté. Ne faiblissez pas devant les factieux. Vous avez l'oreille de la reine, mais il faut de la vigueur. Monsieur de Luynes est perdu si vous arrêtez monsieur le Prince.

LA MARÉCHALE, *l'observant.*

Pensez-vous cela, monsieur le conseiller ? pensez-vous cela ?

DÉAGEANT.

De cœur et d'âme, madame.

Il salue, et se retirant près de M. de Luynes, il lui dit.

Vous avez l'oreille du roi, c'est beaucoup. Mais ayez de la fermeté surtout. De la fermeté ! au nom de Dieu, de la fermeté !

LA MARÉCHALE. *Elle s'arrête en voyant Luynes, et d'un coup d'œil le toise, lui et les siens, puis tout à coup prend son parti et marche droit à lui. Ses pages la quittent et restent arrière.*

Avec tristesse.

Monsieur de Luynes, le roi a mal reçu mon mari ; que vous ai-je fait ?

LUYNES, *avec hauteur.*

Mais, madame, sais-je rien de ce qui se passe ?

LA MARÉCHALE.

Vous me répondrez du roi, monsieur ; prenez-y garde.

LUYNES.

Le roi est mon maître et le vôtre, madame.

LA MARÉCHALE.

Et la reine est sa mère, monsieur.

LUYNES.

Sa mère est sa sujette.

LA MARÉCHALE.

Sujette?... Pas encore.

Luynes se retire à droite de la scène avec ses par-
sans, remarquables par leurs plumes blanches.
Elle lui tourne le dos et va à Thémines. Très
bas et tristement.

Écoutez-moi, Thémines. Monsieur le prince va sortir de chez la reine. J'ai à lui parler. Avant tout, vous m'entendez, avant tout! regardez-moi bien, et si je laisse tomber ce gant, vous arrêterez monsieur le Prince. Voici l'ordre de la reine et le brevet de maréchal de France pour vous. — Je suis bien malheureuse de tout cela, mon ami, bien malheureuse...

THÉMINES.

Je suis capitaine des gardes et je sais mon devoir. Je vous obéirai aveuglément, madame, bien affligé pour vous de cette nécessité.

LA MARÉCHALE.

Des ménagements! du respect! C'est le premier prince du sang.

THÉMINES.

Eh! madame, soyez en assurance qu'il ira à la

Bastille en marchant sur des tapis. Je n'ai fait autre chose toute ma vie qu'arrêter des princes, sans leur faire le moindre mal. Rassurez-vous, j'ai la main légère.

LA MARÉCHALE, *en avant.*

Il est donc là, près de moi, dans la foule, ce Borgia, à qui j'ai préféré Concini ! C'est le seul homme qui m'ait aimée du fond du cœur, je le crois ; c'est le seul que j'aie aimé jamais, et je l'ai sacrifié cruellement ! Il ne s'approche pas. Est-ce parce qu'il ne l'ose pas, ou ne le veut pas ? J'aimerais mieux des reproches. Comment l'aborder? Quel prétexte prendre pour l'encourager ?

Aux gentilshommes, très haut.

Ah ! messieurs, toujours le jeu ! l'amour du jeu !

Elle va à leur groupe.

BORGIA, *à part.*

Pas un regard ! Elle me voit et ne me connaît pas. Légèreté ! légèreté ! Le pouvoir l'enivre. Elle a tout oublié. Quand saura-t-elle que je suis marié ? Quand croira-t-elle que je suis heureux, pour qu'elle souffre à son tour ?... Bah ! elle ne sait plus mon nom !

A Monglat.

Monsieur, dites-moi, je vous prie, dans quel salon est la reine ?

Il cause bas avec lui.

SCÈNE IX

Les Mêmes, LE PRINCE DE CONDÉ, *sortant peu accompagné. Il va à la Maréchale, qui le salue profondément. Elle l'observe pour voir à sa contenance s'il est disposé à se réconcilier avec elle. Le Prince voit son salut, la regarde froidement, et se retourne vers* LE BARON DE VITRY.

LE PRINCE DE CONDÉ, *avec impatience.*

Dis-moi, Vitry, que diantre fait-elle ici?

VITRY.

Elle est bien à sa place, à la porte et au corps de garde.

LA MARÉCHALE *ôte son gant avec colère.* Thémines *l'observe et se prépare.*

A part.

J'ai là votre destinée, monsieur le Prince; elle tient à peu de chose! Et vous me bravez. — Au moment d'agir, j'ai peur.

Le prince de Condé parle en riant et la montre au doigt.

Ah! faible raison! Voyons si le sort est pour lui.

ACTE I, SCÈNE IX.

Elle tire furtivement un jeu de cartes de sa poche.

Ceci veut dire retard ; parlons-lui.

Elle s'avance vers le Prince, et le salue encore profondément.

Monsieur le Prince compte-t-il quitter la cour dès aujourd'hui ?

LE PRINCE DE CONDÉ, *avec insolence et un grand air.*

Ah ! madame la marquise de... comment donc ?... de Galigaï, je crois. Je ne vous voyais, ma foi, pas.

LA MARÉCHALE.

L'accent français est rude au nom des pauvres Italiennes, monseigneur.

Elle regarde encore ses cartes à la dérobée.

Succès ! Succès !

Elle serre précipitamment son jeu, et, plus libre et plus confiante, elle s'avance.

LE PRINCE DE CONDÉ.

Les noms nouveaux échappent à notre mémoire.

LA MARÉCHALE.

Comme la fortune à nos mains, monseigneur.

Elle laisse tomber le gant de ses mains.

Aussitôt on ferme toutes les portes du Louvre. Les

gentilshommes tirent leurs épées, et le capitaine des gardes, Thémines, s'avance vers le Prince.

LE PRINCE DE CONDÉ.

Qu'est-ce à dire, messieurs ? est-ce ici le coup de Jarnac ?

THÉMINES, *saluant très bas.*

Monseigneur, c'est seulement le coup du roi. Sa Majesté est avertie que vous écoutez de mauvais conseils contre son service, et m'a ordonné de m'assurer de votre personne.

LE PRINCE DE CONDÉ, *mettant la main à l'épée.*

N'ai-je ici aucun ami ?

THÉMINES, *saluant.*

Monseigneur n'a ici que d'humbles serviteurs, et j'ose lui présenter mes deux fils, qui auront l'honneur de garder sa noble épée.

CONDÉ *se retourne, et, se voyant entouré des gentilshommes de Concini, il remet son épée aux deux fils de Thémines, qui tous deux s'avancent en saluant deux fois à chaque pas qu'ils font en avant.*

La voici, monsieur. Le feu roi l'a mesurée et pesée ; il la connaissait bien ; elle est sans tache.

THÉMINES, *saluant.*

Et je remercie monsieur le Prince de ne m'avoir pas exposé à tacher la mienne.

BORGIA, *à part.*

En Corse, c'est le coup de stylet; ici, le coup de chapeau.

VITRY *ouvre à plusieurs gentilshommes, qui sortent de chez la reine l'épée à la main.*

Vive monsieur le Prince!

LES GENTILSHOMMES DE CONCINI.

Vive le maréchal d'Ancre!

THÉMINES, *allant aux gentilshommes de Condé.*

Au nom de la reine, messieurs, bas les armes!

Il déploie l'ordre de la reine. Tous remettent l'épée au fourreau, et le prince de Condé, haussant les épaules, suit les deux fils de Thémines. Tandis que le groupe des gentilshommes du prince croise l'épée, la maréchale, effrayée, court derrière Borgia, se mettre à l'abri; il tire un poignard de la main gauche, et de la droite il prend la main de la maréchale. Les gens de Condé se rendent sur-le-champ.

THÉMINES.

Ne craignez plus rien, madame; ces messieurs entendent raison, et votre coup d'État a réussi.

BORGIA *se retourne lentement. Lui et la maréchale se regardent en souriant.*

Eh bien, Léonora, est-ce vous?

LA MARÉCHALE, *confuse de se trouver la main dans celle de Borgia.*

Ah! Borgia, venez me voir demain.

Plusieurs des courtisans viennent saluer Borgia, voyant que la maréchale lui a parlé.

ACTE DEUXIÈME

Le laboratoire du juif Samuel. — Le juif est assis à sa table et compte des pièces d'or. Isabella joue de la guitare en regardant à la fenêtre, d'où l'on voit les murs d'une église et des toits de Paris.

SCÈNE PREMIÈRE

SAMUEL, ISABELLA.

SAMUEL.

Dix mille florins de monsieur le Prince. Dix mille de Concini. Dix mille de monsieur de Luynes. Les trois partis m'ont donné juste autant l'un que l'autre et m'ont autant maltraité. Il est impossible que je me décide pour aucun des trois, en conscience... Vingt-trois... trente-six...

ISABELLA, *fredonnant à la fenêtre.*

Michaele mio, mio Michaele, e, e, e, e.

SAMUEL.

Dame Isabella, vous m'empêchez de compter.

ISABELLA, *sans se retourner.*

Signor Samuel, vous m'empêchez de chanter.

Elle fait plus de bruit avec sa guitare.

SAMUEL.

Monsieur de Borgia ne veut pas que vous sortiez de votre chambre.

ISABELLA, *avec vivacité.*

Moi, j'aime cette fenêtre. Je ne vois de ma chambre que des cheminées noires et des toits rouges.

SAMUEL.

Et, par celle-ci, des manteaux rouges et des chapeaux noirs, n'est-ce pas?

Isabella se lève tout à coup et va vers lui, faisant un geste menaçant de sa guitare. Le juif met ses deux mains devant son visage, de peur d'être battu.

Ah! ne vous emportez pas comme vous faites toujours.

ACTE II, SCÈNE I.

ISABELLA, *immobile, lui parlant vite et e regardant fixement.*

M'as-tu vue sortir depuis six mois une seule fois ?

SAMUEL.

Non, non, pas une seule fois.

ISABELLA.

Sais-je le nom d'une seule rue de Paris, même de la tienne, où je suis enfermée ?

SAMUEL.

Non, vous ne le savez pas.

ISABELLA.

M'as-tu vue par cette fenêtre recevoir ou jeter un seul billet ?

SAMUEL.

Pas un seul.

A part.

Elle est si haute, la fenêtre !

ISABELLA.

M'as-tu vue sourire à un homme, seulement des yeux ?

SAMUEL.

Jamais, jamais.

ISABELLA.

Fais-je autre chose qu'attendre, et attendre encore ?

SAMUEL.

C'est vrai ! c'est vrai !

ISABELLA.

Ai-je un autre nom à la mémoire et sur la bouche que celui de Borgia ? Dis !

SAMUEL.

Pas un autre nom.

ISABELLA.

M'as-tu entendue me plaindre de lui ?

SAMUEL.

Jamais, signora, jamais.

ISABELLA.

Eh bien, donc, juif, je te le jure par celui que tes pareils ont fait mourir et n'ont pas empêché de ressusciter, que, si tu te plains de moi à Borgia, je te ferai savoir ce que c'est qu'une femme d'Ajacio.

SAMUEL.

Ce ne sont là que des bagatelles ; une fenêtre, un salut : plaisanteries.

ISABELLA.

Pauvre juif, tu ne connais ni lui ni moi ; le plus léger reproche de lui peut me faire mourir, et pour la moindre faute il me tuerait.

SAMUEL.

Vous croyez?

ISABELLA.

J'en suis sûre, j'en suis fière, et j'en ferais autant.

On frappe.

Adieu. Je vais dans ma chambre, parce que je le veux, mais non parce que tu me le dis.

Elle entre dans sa chambre.

SAMUEL.

Cette méchante race italienne me rendra fou, si elle ne me fait pendre.

SCÈNE II

SAMUEL, PICARD, *serrurier*.

PICARD.

Bonjour, juif.

SAMUEL, *lui tendant la main*.

Bonjour, maitre Picard.

PICARD, *mettant les mains derrière son dos.*

Pas de main, pas de main ; je suis chrétien, et bon chrétien, je m'en flatte.

SAMUEL.

Ah ! c'est bon ! c'est bon ! Je ne veux pas vous humilier, vous abaisser jusqu'à moi, maître Picard.

PICARD.

Je ne dis pas que je me trouve humilié de vous donner la main ; mais, moi, je ne suis pas comme nos grands seigneurs sans religion, je ne vous donnerai pas la main.

SAMUEL.

Et que voulez-vous de moi aujourd'hui, maître Picard, qui ne me donnez pas la main ?

PICARD.

Je voudrais savoir si notre ami monsieur de Borgia, ce gentilhomme qui demeure ici, ne viendra pas bientôt.

SAMUEL.

Devait-il venir sitôt ?

PICARD.

Il devait m'attendre ; mais il a oublié l'heure.

SAMUEL.

Quelle heure ?

PICARD.

N'importe, nous irons sans lui.

SAMUEL.

Où?

PICARD.

A une œuvre qu'il sait; ne vous a-t-il pas parlé d'Isaac?

SAMUEL, *lui imposant silence.*

Ah !... Taisez-vous... Allez-y sur-le-champ... Il demeure dans la première maison du pont au Change. Il a six mille piques de la Ligue dans ses caves... Allez... Voici mon billet pour lui.

PICARD.

Juif, cela ne me suffit pas. Il faut que tu me répondes du Corse.

SAMUEL.

Je n'en puis répondre; je le connais à peine, et je ne sais d'où vous le connaissez. Il loge ici depuis un mois, et vient de Florence avec sa femme.

PICARD.

Voilà ce qui m'est arrivé, et comment je le connais. Je montais ma garde bourgeoise avec mes ouvriers serruriers à la porte Bussy. Je parlais à monsieur le prévôt des marchands et à messieurs les échevins, qui me connaissent bien et depuis longtemps. — Je lui dis (c'est à monsieur le prévôt), je lui dis:

« Soyez tranquille. » Parce que, voyez-vous, il m'avait dit avant : « Faites bonne garde : on en veut à monsieur le Prince ; les Italiens sont enragés ; ce Concini perdra le roi et le royaume. » Je lui réponds : « Je crois comme vous, monsieur le prévôt. » Lui, il soupire, car c'est un brave homme, voyez-vous, et non pas un juif comme Concini. Ce que je dis, ce n'est pas pour vous affliger ; mais à Paris nous disons cela des voleurs. Je lui réponds : « Je le crois comme vous. » Comme je disais cela, passe un carrosse. Je le vois venir avec des écuyers et huit chevaux, et huit de relais courant derrière, et la livrée zinzolin * jaune, rouge et noire. Je dis aux bourgeois et aux ouvriers : « Mes enfants, c'est un grand seigneur. » Je ne l'offensais pas, n'est-ce pas ? Il n'y a que le roi qui doive aller en poste ;

---

* Voici quelques citations extraites des rares pamphlets du temps, que j'ai sous les yeux, dont plusieurs étaient écrits en vers pitoyables, et par lesquels la mauvaise humeur parisienne préludait aux histoires rimées de la Fronde. Il s'agit de la livrée de Concini.

SUR LES COULEURS DE CONCHINE.

Zinzolin jaune et noir est la couleur funeste
D'un fiasque Florentin, du royaume la peste :
Le jaune est l'or du roy, vollé en mille endroicts,
Le rouge zinzolin est le sang qui soupire,
Et le noir est le deuil qu'ont tous les bons François
De voir par un faquin renversé nostre empire.

(*Le Courrier picard*, en 1615.)

mais c'est égal, puisque la reine le veut bien. Le carrosse veut passer pour aller à Lesigny ; moi, je ne veux pas, et je dis : « Montrez vos piques et vos mousquets aux chevaux ! » Les chevaux s'arrêtent. Concini met, comme ça, la tête à la portière avec ses cheveux noirs comme jais ! Je dis : « Le mot de passe ? — Je suis le maréchal d'Ancre. » Je dis : « Le mot de passe ? » Il me dit : « Coquin ! » Je lui dis : « Monsieur le maréchal, le mot de passe ! » Monsieur le prévôt le reconnait et me dit : « Laissez-le passer. » Je dis : « C'est bon. » Il passe. Le soir, je marchais les bras croisés, comme ça, hors de la barrière, quand deux hommes... deux valets jaunes, rouges et noirs, zinzolins toujours, me prennent, l'un à droite, l'autre à gauche, et me frappent à coups de plat d'épée...

Douloureusement.

J'aurais mieux aimé la pointe ! Je ne criais pas, car la garde bourgeoise serait venue à moi et m'aurait vu battre. Ces valets m'auraient, ma foi ! tué, comme ils y allaient... Je commençais à n'y plus voir. Passe un homme tout noir : visage noir, manteau noir, habit noir. C'était le Corse. Il avait dans sa manche le stylet du pays ; il les jette tous deux par terre. Je lui dis : « Merci. » Il me dit : « J'aurais voulu que ce fût leur maitre, je le cherche. » Je lui dis : « Nous le chercherons ensemble. » Et voilà tout. Il me quitte. On prend les deux valets. Ils n'étaient que blessés. Monsieur le prévôt les a fait pendre. Le Corse m'a dit de venir ici, et me voilà.

SAMUEL.

Il est sorti. Votre billet est toujours sûr pour

les armes ? On n'a rien saisi chez vous, maître Picard ?

PICARD.

Sois tranquille. Je suis bon pour la somme convenue : le double, comme c'est toujours avec Samuel, et je t'amène quelqu'un qui répondra et signera avec moi, et qui voulait s'entendre aussi avec le Corse.

SAMUEL.

Qui est-ce ? qui est-ce ?

PICARD.

Un magistrat que je ne veux pas nommer.

SAMUEL.

Où est-il ?

PICARD.

Sur l'escalier.

SAMUEL.

Il ne faut pas le laisser là... Il peut rencontrer tant de personnes qui viennent ici pour prêt ou pour emprunt !...

A la porte.

Entrez, entrez... monsieur.

SCÈNE III

LES MÊMES, DÉAGEANT.

DÉAGEANT, *à voix basse et douce.*

Le bon Samuel vous a-t-il fourni les armes qu'il faut?

PICARD, *brusquement.*

Oui, oui.

DÉAGEANT, *bas, à Samuel.*

Voici un ordre de monsieur de Luynes de vous donner quatre fois la somme si vous me livrez passage dans tous les coins de votre maison. C'est au nom de monsieur de Luynes, bon Samuel, que je vous le dis : vous serez jugé et condamné comme propageant le judaïsme, si vous ne faites ce que je veux.

SAMUEL, *avec résignation.*

Je ferai ce que vous voulez, monsieur le conseiller au parlement.

DÉAGEANT.

Je connais tous ceux qui viennent dans votre

maison, je veux les entendre parler. Je sais comment est construit ce bâtiment et tout ce que vous y cachez. Il me faut conduire dans tous ces détours. Au nom du roi! Lisez cet ordre.

SAMUEL, *après l'avoir lu.*

Il est précis. J'obéirai. Venez.

DÉAGEANT.

Pas encore : j'ai à parler à cet honnête homme, maître Picard. Je suis assuré de votre discrétion, n'est-il pas vrai?

SAMUEL.

Aussi assuré que je le serais du bûcher si j'y manquais, seigneur conseiller. Si un chrétien parlait à un juif sans le menacer, il se croirait damné.

PICARD.

Allons, juif! allons! laisse-nous un moment, et garde ta porte. Nous avons à causer.

Samuel sort.

SCÈNE IV

DÉAGEANT, PICARD.

PICARD.

Vous aviez à me parler, monsieur le conseiller

DÉAGEANT.

Maître Picard, vous avez été insulté.

PICARD.

Peut-être.

DÉAGEANT.

Battu même.

PICARD.

C'est bon ! c'est bon !

DÉAGEANT.

Oh ! battu, c'est le mot. Honteusement battu !

PICARD.

Eh bien ?

DÉAGEANT, *s'asseyant.*

Avouez que Concini est un mauvais garnement.

PICARD.

Ça se peut.

DÉAGEANT.

Un traître qui nous livre à l'Espagnol.

PICARD.

Ceci, je n'en sais rien.

DÉAGEANT.

Un concussionnaire, un voleur qui, par les intrigues de sa femme, a dépouillé toutes nos provinces... un insolent qui, en Picardie, a fait graver son nom et ses armes sur les canons du roi.

PICARD.

Croyez-vous ?

DÉAGEANT.

Un effronté qui porte sur son chapeau un panache de héron noir que portait le feu roi Henri.

PICARD, *après avoir réfléchi longtemps.*

Peu de chose, peu de chose.

DÉAGEANT.

Et sa femme, la Galigaï, est fort soupçonnée de magie. Elle consulte Cosme Ruger, abbé de Saint-Mahé, qui est un athéiste, et Mathieu de Monthenay. Elle sacrifie des coqs blancs dans l'église.

PICARD, *après un moment de silence, et après avoir considéré Déageant, lui frappe pesamment sur l'épaule.*

Ça, monsieur le conseiller, vous me croyez par trop simple et vous avez chanté d'un ton trop bas. Vous vous êtes mépris. Il y a bien quelques gens qui vous croiront, mais je n'en suis pas. Et sur cela je suis bien aise de vous dire mon idée. M'est avis qu'une nation est toute pareille à un tonneau de vin : en haut est la mousse, comme qui dirait la cour ; en bas est la lie, comme qui dirait la populace paresseuse, ignorante et mendiante. Mais entre la lie et la mousse est le bon vin généreux, comme qui dirait le peuple ou les honnêtes gens. Ce peuple-là ne se met pas en colère pour peu de chose et aime bien à savoir pourquoi il s'y met. Vous désirez être défait de Concini ; et moi aussi, parce qu'il entretient le roi et le pays dans la guerre civile, dont nous avons bien assez, et qu'il nous traite en esclaves, ce que le feu roi n'aimait pas. Mais ce que vous me dites de lui me frappe bien peu ; et de sa femme, je le nie. Elle fait du bien partout de sa main et de sa bourse, malgré son mari et à son insu. Nous l'aimons. Il y a six mille piques qui s'apprêtent à entourer sa maison. J'y ajouterai la mienne ; mais, si je vous avais entendu plus tôt, vous m'auriez fait réfléchir longtemps. Je vais voir la garde bourgeoise et mes amis, et leur parler un peu avant le soir. Moi, je ne veux pas que l'on agisse sans savoir pourquoi ; et, après avoir agi, je ne veux pas qu'on soit méchant. Voilà !

DÉAGEANT.

Mais ne vous a-t-on pas dit que monsieur de Luynes a ordre du roi de le faire arrêter.

PICARD.

Que monsieur de Luynes fasse ce qu'il lui plaira, cela nous inquiète peu. On m'attend... Je vais voir ce que j'aurai à faire. Adieu.

Il lui tourne le dos et sort.

SCÈNE V

DÉAGEANT, SAMUEL.

DÉAGEANT, *après être resté interdit.*

Que m'importe, pourvu qu'il me serve ! Encore une passion excitée contre les Concini !

A Samuel, qui rentre.

Où cours-tu si vite ?

SAMUEL.

Gagnez la rue par cette porte. Voici deux valets de Concini.

DÉAGEANT.

Gagner la rue ? Non, pardieu ! Je reste chez toi tout aujourd'hui samedi.

SAMUEL.

Samedi ! jour de sabbat !

DÉAGEANT.

Et j'y dois tout surveiller à l'intérieur, comme monsieur le prévôt de l'île au dehors.

SAMUEL.

Eh bien, donc, au lieu de descendre l'escalier, montez-le : passez par ce corridor, et j'irai vous retrouver.

A part.

Puisse-t-il s'y casser bras et jambes !

Déageant sort.

SCÈNE VI

SAMUEL, Deux Laquais.

PREMIER LAQUAIS. *Ils se tournent en saluant à droite et à gauche à mesure qu'ils parlent.*

Monsieur le maréchal d'Ancre veut vous parler seul.

SECOND LAQUAIS.

Il demande s'il y a sûreté pour lui.

PREMIER LAQUAIS.

Vous répondrez de tout sur votre tête.

SECOND LAQUAIS.

Nous avons vingt hommes dans les rues environnantes.

PREMIER LAQUAIS.

On mettra le feu à votre maison s'il arrive à monseigneur le moindre accident.

SAMUEL.

Messieurs, je suis tout à fait à vos ordres. Que monseigneur vienne sur-le-champ, s'il lui plaît. Je ne résisterai jamais à ses volontés, si clairement exprimées. Votre langage n'a rien d'obscur ; et, quant à sa sûreté, vous y pourvoyez parfaitement.

Ils sortent.

A part.

Il y aura du sang bientôt. Tout ceci ne peut tourner autrement. Voici l'heure où le Corse rentre chez lui ; il rencontrera l'aveugle Concini, qui ne vient pas sans quelque dessein d'ambition ou de débauche. Que m'importe, après tout, la vie de ces Nazaréens ! j'ai tous leurs secrets et les garde tous, parce que tous ces hommes sont à craindre. Mais que suis-je pour eux ? une bourse et non un homme.

SCÈNE VII

SAMUEL, CONCINI.

CONCINI, *agité*.

Es-tu seul, Samuel?

SAMUEL.

Eh! monseigneur, si je suis seul! je suis vieux, je suis faible et je suis à vos gages. Rassurez-vous. Que faut-il à Votre Grandeur?

CONCINI *regarde autour de la chambre et va en examinant tous les coins.*

Où donne cette cloison?

Il frappe dessus.

SAMUEL.

De mon laboratoire dans mon comptoir, monseigneur.

CONCINI, *bas, avec joie*.

Tu sais que nous avons fait arrêter le prince de Condé hier?

SAMUEL.

Je ne sais rien de ce qui se passe au dehors; mais je félicite monseigneur du grand coup qu'il vient de frapper.

CONCINI, *avec peur*.

Oh! ce n'est pas moi; ce n'est pas moi qui l'ai fait! C'est ma femme. Tout le monde le sait. Je suis censé en Picardie aujourd'hui.

Frappant la cloison.

Mais c'est une tapisserie et non du bois : on peut entendre parler.

SAMUEL.

Mais il n'y a là personne. Voyez.

Il ouvre la porte que recouvre une tapisserie.

CONCINI, *s'asseyant avec orgueil*.

Tous mes ennemis sont vaincus, les mécontents sont battus; Mayenne ne peut plus se défendre à Soissons. Me voici le maître!

SAMUEL.

Monseigneur est le plus heureux des hommes.

CONCINI, *mystérieusement et avec inquiétude*.

Oui, as-tu du contre-poison?

SAMUEL.

Pour vous?

CONCINI.

Peut-être! Je voyage : j'ai des ennemis beaucoup; des gens beaucoup ; et des parents beaucoup.

SAMUEL.

Des parents ?

CONCINI.

Qui me détestent. Mais, si tu n'as pas cet antidote, n'en parlons plus; c'était une fantaisie. A propos, je viens loger chez toi.

SAMUEL.

Chez moi! loger! vous!
A part.
Je suis perdu.

CONCINI.

Oui, moi. J'ai laissé partir mes équipages pour la Picardie; mais mon carrosse va sans moi en poste.

SAMUEL, *à part.*

En poste ! quelle dépense ! le roi seul va ainsi.

CONCINI.

J'ai laissé régler à ma femme quelques petites affaires qu'elle entend aussi bien que moi...

SAMUEL, *à part.*

Lâche chrétien! qui laisse à une femme tous les dangers et garde tous les plaisirs !

CONCINI.

Et je reste quelques jours ici pour me reposer du gouvernement avec la jeune femme que tu sais, coquin !

SAMUEL, à part.

L'y voilà.

CONCINI.

J'ai toujours le cœur italien, vois-tu ? Et j'aime à enrichir les femmes de mon pays. Celle-ci est bien jolie... Je l'ai vue dix fois à sa fenêtre. Est-elle fille, femme ou veuve ?

SAMUEL.

Femme.

CONCINI.

D'un air insouciant.

Et de quel homme ?

A part.

Voyons s'il mentira.

SAMUEL.

D'un gentilhomme de Corse, arrivé depuis un mois à Paris.

CONCINI, *jouant avec sa bourse.*

Son nom ?

SAMUEL.

Il est pauvre et jaloux.

ACTE II, SCÈNE VII.

CONCINI.

De l'or dans les deux cas. Son nom?

SAMUEL, *tombant à genoux.*

Il est sauvage et rude comme le fer.

CONCINI, *montrant la porte où sont ses gens.*

On fait fondre et ployer le fer. Son nom?

SAMUEL.

Monseigneur, je suis poignardé si je parle.

CONCINI.

Et pendu si tu te tais. Or, j'ai l'avance sur lui. Donne-moi la préférence pour obéir. Tu me connais.

SAMUEL.

Et je le connais aussi. Monseigneur, si jamais j'ai mis quelque habileté à faire passer dans tous les pays de l'Europe les trésors que vous m'aviez confiés; si j'ai su vous faire acheter aux moindres prix les plus beaux châteaux seigneuriaux de ce pays, épargnez-moi l'horreur de prononcer ce nom.

CONCINI, *lui passant sa canne sur la tête.*

Allons! allons! c'est Borgia.

SAMUEL.

Ce n'est toujours pas moi qui vous l'ai dit; n'est-il pas vrai?

CONCINI.

Je ne rends point de faux témoignage, Samuel. Lève-toi et écoute.

Gravement.

Celui qui m'a appris ce nom est celui qui jette les hommes pêle-mêle sur ce monde. Depuis que Concini et Borgia y sont, Borgia heurte Concini. Mon père a tué le sien, et du même coup en a été tué. Nos mères nous prirent encore dans les langes, et en s'injuriant accoutumèrent nos petits bras à se frapper. A quinze ans, nous nous sommes battus à coups de couteau deux fois. A Florence, nous avons aimé tous deux Léonora Galigaï. Je le fis passer pour mort pendant une absence, et j'épousai sa Léonora, qui depuis a fait ma fortune. Il me hait et je le hais. Dans les montagnes de Corse, les hommes de sa famille laisseront croître leur barbe jusqu'à ce qu'ils aient éteint ma famille; et, s'il vient ici, c'est pour ce que nous appelons la *vendette.*

SAMUEL.

Non, monseigneur, non! il n'annonce aucune haine contre qui ce soit... et...

CONCINI.

Ton appartement est-il sûr?...

SAMUEL.

Ah! monseigneur, rien de ce qu'on fait n'est vu, rien de ce qu'on dit n'est entendu dans ma sainte maison.

CONCINI, *vite et bas.*

C'est pour cela que je veux l'habiter. Mais écoute et tais-toi. Je sais que Borgia a dans les mains une lettre que j'écrivis à quelqu'un peu de jours avant le... Va voir si personne ne peut entendre...

Le juif montre, en ouvrant les portes, qu'il n'y a personne.

Avant le 14 mai 1610. Tu te le rappelles * ?

SAMUEL.

Un vendredi ?

CONCINI.

Oui, un vendredi. Il me faut cette lettre à tout prix... entends-tu ? à tout prix !

---

* J'ai vu, par l'étonnement et les scrupules de quelques personnes, que ce point d'histoire était bien peu connu. En effet, les pièces relatives au procès de la Galigaï et à l'assassinat de Concini sont devenues très rares. Je les ai entre les mains. Il n'y a pas une de ces pièces qui ne renferme cette charge, ou ne rappelle ce grand attentat. « Ravaillac, dit l'un de ces livres que je copie, pour mettre le saigneur Concino sur le theastre, tue le dit Henry de deux coups de couteau, empesché dans son carrosse à lire une lettre par le sieur d'Espernon, et en plain delice de veoir la resjouissance de son peuple au couronnement de la royne. Ce grand prince mort, son fils, jeune de dix ans, est élevé sur le throsne, auquel Concini oste peu à peu ses plus confidens... s'empare des places les plus fortes et des ports de mer pour y recevoir l'Hespagnol, avec lequel il cabalise, et rompt toutes les alliances du feu roy, etc. » Ici ses projets sont longuement développés. Je trouve partout la preuve que la voix publique

SAMUEL.

Quoi ! voudriez-vous vous défaire de l'homme ?

CONCINI.

Non, cela m'empêcherait de savoir où est ma

---

chargeait les Concini de ce crime. Quelquefois, c'étaient des vers tels que ceux-ci que l'on jetait sur leur chemin :

RAUAILLAC AU MARESCHAL D'ANCRE.

Ha ! truand ! ha ! maraud ! iadis plus gueux que moy,
Comment n'es-tu pas mort, ainsi que moy, en Greue ?
Par tes suasions j'ay massacré ce roy,
Dont toute la grandeur de la France releue.

On peut lire dans les *Mémoires de Sully*, liv. XXV, 1608 :

« Je mis en écrit ce que le Roi me dit ; c'est par ces sortes de discours familiers que je crois qu'on peut le mieux connoître l'intérieur des esprits et le vrai caractère d'un cœur :

« Les Conchines, mari et femme, sont devenus si rogues et si audacieux, qu'ils ont été jusqu'à user de menace *contre ma personne*, si je faisois quelque violence à leurs partisans. »

Si je donne ces documents, ce n'est pas qu'à mon sens (et je l'ai dit ailleurs) il soit bien nécessaire qu'une œuvre d'art ait toujours pour autorités un parchemin par crime et un in-folio par passion ; ce n'est pas non plus que j'aie la moindre crainte d'avoir calomnié Concino Concini : il n'était pas à cela près d'un coup de couteau, et je ne sais pas d'ancienne famille qui, en ce temps, n'ait eu son assassin ; mais j'ai dit un mot de cela pour faire savoir que cette pensée d'une expiation inévitable qui remplit le drame, qui en corrobore la fable, et à laquelle j'ai fait céder quelquefois l'histoire, avait cependant une base plus solide qu'on ne l'a pu croire.

ACTE II, SCÈNE VII.

lettre. Mais être aimé de la femme... ou, sinon aimé, du moins préféré... ou quelque chose de semblable... Je connais mes Italiennes... Il y a peu d'amants qui ne trouvent le secret du mari sur le chevet où il l'a laissé, et je rattraperai gaiement ma lettre.

SAMUEL.

C'est impossible, monseigneur.

CONCINI.

Et quoi! n'est-elle pas sa femme?

SAMUEL.

Oui.

CONCINI.

Seule?

SAMUEL.

Oui.

CONCINI.

Pauvre?

SAMUEL.

Oui.

CONCINI.

N'est-il pas sombre et méchant?

SAMUEL.

Oui.

CONCINI, *étonné et naïvement.*

Eh bien?

SAMUEL.

Mais elle l'aime.

CONCINI.

Bah! il faudra donc le tuer?

SAMUEL.

Probablement.

CONCINI.

Mais es-tu sûr qu'elle l'aime?

On frappe trois coups à la porte.

SAMUEL.

Le voici. Ah! monseigneur, pour tout l'or du tabernacle, je ne voudrais pas qu'il vous trouvât ici; consentez à rester un moment dans ce cabinet, où vous pourriez loger deux mois sans être vu. Entrez, entrez, et vous verrez ce que sont ces singuliers jeunes gens.

CONCINI, *écoutant.*

Oh! c'est toi, montagnard, c'est bien toi! — Je reconnaitrais son pas entre mille.

Il entre dans le cabinet.

Ouvre-lui quand tu voudras. Je veux voir le loup dans sa tanière.

SCÈNE VIII

SAMUEL, BORGIA.

Il entre et referme la porte au verrou avec soin.

BORGIA.

Qu'a fait Isabella ?

SAMUEL.

Rien ou peu de chose : elle a chanté.

BORGIA.

Qui a-t-elle vu ?

SAMUEL.

Personne.

BORGIA, *le regardant avec méfiance.*

Personne ?

SAMUEL.

Personne.

BORGIA.

Dites, je vous prie, à Isabella que je suis rentré.

Samuel sort.

SCÈNE IX

BORGIA, *seul.*

Eh ! comment aurais-je été si inflexible ? Comment n'aurais-je pas tenté de l'avertir ? Y a-t-il un homme qui ne l'eût prise en pitié après l'avoir vue ? Si elle eût été seule ou peu accompagnée, je lui disais tout et je l'emmenais. Où l'aurais-je conduite ? Ici peut-être ! Oui, ici, plutôt que de la laisser ainsi dormir sur un volcan. Penser que, ce soir, des hommes armés entreront dans ce tranquille palais, qu'ils jetteront dans la terreur ces femmes timides et gracieuses, c'est une insupportable idée. Voilà ce qui arrive quand on veut se venger : on va, on va, on va, et puis on se repent. J'ai été trop loin !

Il se promène.

Léonora m'oublie ; je prends par dépit la première main qui se trouve : j'épouse Isabella, et je me crois heureux. Bah ! la vengeance de Corse est née avec moi ; elle me parle toujours à l'oreille. Elle me dit : « Concini l'a épousée ! Concini triomphe ! l'assassin Concini est aimé plus que toi ! Concini est presque roi d'un grand royaume. Va, pars ; renverse-le. » Je pars, me voilà, je vais frapper. Suis-je satisfait ? Bah ! et elle que j'ai vue ! et elle qui est devenue plus belle cent fois qu'elle n'était ! et elle que je ne hais plus! la laisserai-je attachée à celui que l'on veut renverser? Je veux lui parler en secret; elle doit m'entendre. « Nous serons donc seuls, » pensais-je. Bah! elle me reçoit au milieu de vingt personnes, au milieu d'une cour empesée et frivole. J'ai bien fait de sortir de son hôtel brusquement et sans parler, sans saluer. Les Français en ont ri : ils rient de tout; ils riraient de leur damnation! — Oh! si seulement cette voix grave et tendre m'eût dit : « Borgia, je me souviens de notre amour! » Si elle se fût repentie!... N'importe! qu'elle vive heureuse et puissante! Je renonce aux complots : je l'ai vue! je ne la verrai plus. Règne, règne, heureux Concini! La cour seule d'un roi de seize ans ne te détrônerait pas; règne donc, ô favori; je te laisse la place. Je ne veux plus me venger, même de toi. J'ai revu Léonora : tout est fini... Oui, oui, c'est là ce qui convient. La force contre un homme; mais pour toute femme, pitié!...

SCÈNE X

BORGIA, ISABELLA.

ISABELLA, *vivement et lui sautant au cou.*

Bonjour, enfin, bonjour. Il est bien tard. Qu'avez-vous donc fait?

BORGIA, *se détournant.*

J'ai perdu mon temps.

ISABELLA.

Est-ce pour cela que vous ne voulez pas m'embrasser ?

BORGIA.

Je ne suis pas bien portant.

ISABELLA.

Vous êtes allé hors de Paris hier. Pourquoi cela ?

BORGIA.

Pour voir une terre et un château.

ISABELLA.

Et, le soir, vous êtes allé au Louvre ? As-tu vu la reine ? Quel âge a-t-elle ?

BORGIA, *se détournant.*

Quarante-trois ans.

ISABELLA.

Ressemble-t-elle au prince Cosmo ? Irai-je bientôt au Louvre ? Et le roi, l'as-tu vu ? Quel âge a-t-il ?

BORGIA, *assis, frappant du pied.*

Seize ans.

ISABELLA, *s'appuyant sur ses épaules.*

Ah! pauvre enfant! déjà roi! Qu'il doit être joli à voir! La reine porte-t-elle des perles?

BORGIA.

Nous allons bientôt retourner à Florence.

ISABELLA.

A Florence? et pourquoi cela?

BORGIA.

Parce que Paris est dangereux pour vous.

ISABELLA.

Dangereux! je ne connais de Paris que ma chambre, et de Parisiens que le vieux juif.

BORGIA.

N'avez-vous parlé à personne de vous et de moi?

ISABELLA.

A personne au monde. J'ai dormi et chanté. Seule, toute seule... Je m'ennuyais.

BORGIA.

Eh bien, nous partirons, parce que vous vous ennuyez, seule ici.

ISABELLA.

Non, non, je ne m'ennuie pas. J'aime la France

Restons, je vois passer tant de monde. Que tu es inconstant! Pourquoi vouloir partir? Et tes projets d'ambition? et cette grande dame que tu devais voir? ces hauts emplois que tu devais demander? Plus rien de tout cela! — Est-elle jolie ?

BORGIA, *la repoussant.*

Ne me parlez jamais d'elle ni de ces puérilités.

ISABELLA, *boudant.*

Je n'irai donc pas à la cour de la reine?

BORGIA.

Une cour pleine de corruption! Il faut partir.

ISABELLA.

Ah! que je voudrais te voir grand écuyer du roi!

BORGIA *se lève avec colère, et se promène dans la chambre, oubliant Isabella.*

Très haut.

Orgueil! orgueil! C'est là leur péché mortel! c'est ce qui l'a rendue insensée! Dix dames d'atour, des grands seigneurs, des pages pour tenir sa robe. Pour m'humilier, m'éblouir! Orgueil! orgueil! C'est ce qui la rend folle, folle et aveugle! Comment la sauver?

ISABELLA, *étonnée.*

Il ne me faut pas de pages, ni de dames!

BORGIA *s'arrête et passe la main dans ses cheveux.*

Ai-je dit cela? C'est alors moi qui suis fou ; c'est l'air de la cour que j'ai respiré.

SCÈNE XI

LES MÊMES, SAMUEL,
UN PAGE, *qui attend à la porte entr'ouverte.*

SAMUEL.

Un page en livrée rouge, jaune et noire, vous apporte ceci.

BORGIA, *lisant.*

« Puisque vous le voulez : A quatre heures. Seule. Sous votre garde! »

Avec transport.

Oh! sous la garde des esprits célestes... Léonora! ton étoile a voulu ton salut... Je te préserverai... Je vais à toi...

A Isabella, brusquement.

Vous resterez en France. — Je n'ai rien juré contre

toi, Léonora : j'ai soulevé ces hommes contre le vil Concini seulement.

A Isabella, plus doucement.

Vous irez à la cour. — Je ne lui parlerai pas du temps passé... Point d'attendrissement... ce serait de la faiblesse... Rien de tout cela, rien... Non, non, point de cela.

A Isabella.

Vous verrez la reine, le roi, les pages et tout le reste. — Ce serait lâcheté que de demander grâce à une femme... Si elle oublie, j'oublie aussi, moi... Mais je la préserverai... Oui, j'en ai la puissance... Je la sauverai, ou j'y demeurerai.

A Isabella.

Je reviendrai cette nuit très tard...

A lui-même.

Et qu'est-ce que le plaisir de la vengeance à côté des ineffables joies de l'amour?... D'ailleurs...

> *Il sort en parlant toujours, et, en prononçant des mots inintelligibles, il suit le page avec distraction ; il court, et s'enfuit en enfonçant son chapeau à larges bords sur sa tête, jusqu'aux yeux.*

SCÈNE XII

ISABELLA, SAMUEL.

ISABELLA.

Qu'a-t-il dit là, bon Samuel? Il a parlé français si vite, que je ne l'ai pas compris.

SAMUEL.

Il a parlé en français, en effet. Mais voulez-vous entendre chanter votre langue italienne? Il y a là un de mes amis, un pauvre musicien que je loge, et qui sait des airs de votre pays. C'est un Florentin.

ISABELLA, *regardant la porte que Borgia a ouverte.*

Chanter? Non. Oh! je ne peux pas entendre chanter à présent. Chanter? Oh! non, bon Samuel. Non, certainement. Ne voyez-vous pas qu'il est égaré? Qu'a-t-il donc dit en partant? Je ne puis savoir ce qu'il a dit. Jamais il n'a parlé si vite ni si haut! Plus tard, j'entendrai chanter, Samuel. Cette nuit, à dix heures; j'aurai dormi un peu. Ce soir! Dis-le à ton ami, Samuel, à ce soir...

Elle se retire lentement.

A ce soir...

Un signe de tête.

Ce soir...

Elle pleure, et sort.

SCÈNE XIII

SAMUEL, CONCINI.

CONCINI *sort du cabinet et serre la main à Samuel.*

Elle est charmante ! son mari la néglige. À ce soir ma musique avec elle ; je l'interrogerai sur la lettre...

A part.

Et un peu aussi sur la grande dame.

Haut, à Samuel.

Pourquoi est-il sorti si précipitamment ?

Il sort en interrogeant le vieux Samuel.

Concini s'en va en parlant de la grande dame ; puis il s'arrête tout à coup pour dire les derniers mots. Samuel n'y répond qu'en balbutiant et se sauvant, comme il se sauvait de Fiesque au premier acte.

ACTE TROISIÈME

La chambre à coucher de la maréchale.

SCÈNE PREMIÈRE

MADAME DE ROUVRES et MADAME DE MORET, Dames de la maréchale.

L'une arrange une cassette et l'autre une tapisserie.

MADAME DE ROUVRES.

Mais, en vérité, madame de Moret, vous n'y pensez pas.

MADAME DE MORET.

Quand madame d'Ancre veut recevoir cet homme

ici, voulez-vous que je l'en empêche? Je suis bien décidée à ne prendre sur ma conscience que mes péchés.

MADAME DE ROUVRES.

Et quel est donc cet homme?

MADAME DE MORET.

Que sais-je? un pauvre Italien ruiné qui vient demander la charité. Ne croyez pas qu'il soit digne de la moindre attention de la part de la marquise.

MADAME DE ROUVRES.

Voici quelque chose qui mérite bien plus attention. Voyez ces hommes armés qui rôdent avant les portes, sur le quai. Voyez combien ils sont, combien avec des manteaux, combien avec des épées!

MADAME DE MORET.

Je sais si bien ce qui se prépare, que j'ai envoyé hors du Louvre mes deux cassettes de bijoux.

MADAME DE ROUVRES.

Et pourquoi n'avertissez-vous pas madame la marquise?

MADAME DE MORET.

Tout le peuple est contre le maréchal d'Ancre.

MADAME DE ROUVRES.

Il faudrait le lui faire savoir.

ACTE III, SCÈNE I.

MADAME DE MORET.

Le roi va renverser sa mère et Concini.

MADAME DE ROUVRES.

La maréchale ne s'en doute pas : que ne parlez-vous?

MADAME DE MORET.

Ah! depuis quelques jours, je sais des choses, par le petit abbé de Chaulnes, qui se fourre partout! Je sais des choses!

MADAME DE ROUVRES.

Et pourquoi ne pas les dire?

MADAME DE MORET.

Eh! mon Dieu! que ne le faites-vous vous-même, vous qui lui êtes attachée depuis six ans?

MADAME DE ROUVRES.

Et vous, madame, qu'elle a comblée des faveurs de la cour!

MADAME DE MORET.

Vous dont le mari est grand veneur.

MADAME DE ROUVRES.

Vous dont le frère est gouverneur du Béarn.

MADAME DE MORET.

Tenez, il est difficile de dire crûment ces choses-là!

MADAME DE ROUVRES.

Eh bien, je l'avoue, je pense comme vous. Tout ce que l'on peut faire, c'est de mettre sa famille en sûreté : j'ai envoyé la mienne dans mes terres.

MADAME DE MORET.

Comment donc! mais c'est un devoir! le seul de voir même d'une mère de famille.

MADAME DE ROUVRES.

En effet, quand j'y réfléchis, de quelques mots qu'on se serve pour dire : « Madame la maréchale d'Ancre, vos affaires sont perdues, le parti des mécontents triomphe, vous avez contre vous le roi et le peuple, votre mari va être arrêté demain ou après, » cela veut toujours dire : « Madame la maréchale, vous êtes sans esprit, sans prévoyance ; votre mari est un sot important, et tout ce que je vous dis, vous devez le savoir mieux que moi. » Tout cela est fort désagréable à dire en face.

MADAME DE MORET.

Comment donc! très certainement. — Et cela convient-il à des femmes?

MADAME DE ROUVRES.

Fi donc! cela serait grossier. Ce qu'on nomme franchise est du dernier mauvais ton.

ACTE III, SCÈNE I.

MADAME DE MORET.

Que vous avez l'esprit juste, madame de Rouvres ! ah ! que vous voyez bien !

Elle lui serre la main.

Et, d'ailleurs, si le mal qu'on lui annoncerait n'arrivait pas !

MADAME DE ROUVRES.

Encore ! encore cela ! Oui.

MADAME DE MORET.

On serait bien vue après une belle prédiction bien sinistre !

MADAME DE ROUVRES.

Et bien venue pour demander des grâces !

MADAME DE MORET.

Oui, n'est-ce pas ? Et présentez-vous ensuite devant une femme de son caractère !

MADAME DE ROUVRES.

C'est impossible.

MADAME DE MORET.

C'est impossible, en vérité.

MADAME DE ROUVRES.

Ah ! vous êtes charmante.

MADAME DE MORET, *l'embrassant.*

Personne ne comprend mieux que vous le grand monde.

MADAME DE ROUVRES.

N'est-ce pas son aventurier qui vient?

MADAME DE MORET.

Non, c'est elle.

Allant au-devant de la maréchale.

Ah! madame, la belle journée qu'il fait aujourd'hui! — Faut-il recevoir les gens qui se présenteront? — Ne sortez-vous pas? J'ai vu atteler vos chevaux.

SCÈNE II

Les Mêmes, LA MARÉCHALE.

LA MARÉCHALE.

Non, non, madame de Moret, je ne sors pas ce matin, et vous n'introduirez, s'il vous plaît, que la personne que j'ai désignée à madame de Rouvres.

A part.

O mon cœur, mon cœur, renferme toutes tes larmes, quand elles devraient te suffoquer! Soyez assez bonnes pour me donner ce métier et la tapisserie : je veux travailler.

Elle s'établit à broder.

Monsieur d'Ancre doit être près d'Amiens aujourd'hui.

MADAME DE MORET.

Ah! sans nul doute, madame : le temps est si beau! et tout ce qu'il fait lui réussit.

MADAME DE ROUVRES.

Il est né sous la plus heureuse étoile!

LA MARÉCHALE.

Est-ce que vous croyez aux étoiles? Vous... superstitieuse !

MADAME DE ROUVRES.

A la vôtre, madame.

LA MARÉCHALE.

Oh! flatteuse, flatteuse, taisez-vous.

Elle lui donne la main.

Eh bien, moi aussi, je crois un peu à la prédestination. Laissez-moi y penser; voulez-vous ? Adieu, adieu.

MADAME DE MORET.

Voici, je crois, ce gentilhomme italien, monsieur de...

LA MARÉCHALE.

N'importe le nom... n'importe... Allez,mes amies, allez...

Avec doute.

Mes amies !...

SCÈNE III.

MADAME DE MORET *rentre, et sdève la portière tapissée, pour introduire* BORGIA. LES DAMES *se retirent. Il entre sans saluer, le chapeau à la main, et se place debout devant* L. MARÉCHALE, *qui n'ose lui parler.*

BORGIA.

C'est moi.

LA MARÉCHALE, *travaillant vite, avec une agitation nerveuse.*

Je suis vraiment heureuse de vous voir, monsieur de Borgia. Je vous assure que je n'ai rien oublié de notre enfance et que tous mes anciens amis sont présents à ma pensée. Les famille de Scali et d'Adimari habitent-elles toujours Florence ?

BORGIA.

Le temps va vite, madame : nous en avons bien peu pour nous parler ainsi...

LA MARÉCHALE, *toujours les yeux baissés.*

Mais... puis-je vous parler d'une autre manière ? puis-je vous parler comme avant mon mariage ? C'est le temps qui nous a séparés, c'est la destinée, c'est...

BORGIA.

Non, ce n'est pas tout cela, madame. Regardez-moi.

LA MARÉCHALE.

C'est la nécessité d'obéir à madame Marie de Médicis. Concini me trompa et publia votre mort. Ce fut presque la mienne; et à présent ce qui nous sépare, c'est l'habitude même de la séparation, c'est la différence de nos positions, c'est...

BORGIA.

Regardez-moi. Si vous me regardiez une fois seulement, vous diriez autre chose et autrement.

Il lui prend la main avec tristesse et douceur.

LA MARÉCHALE. *Elle tombe le front sur sa main.*

Eh bien, eh bien, Borgia, pardonnez-moi, si c'est là ce qu'il vous faut; pardonnez-moi.

BORGIA, *avec ironie.*

Vos serments, Léonora, étaient des serments passionnés : je ne les ai point oubliés, moi. Les champs, les fleuves, la mer, les églises, les croix, les madones, tout, à Florence, tout, dans nos montagnes, en était témoin. Vous les disiez avec des pleurs, vous les écriviez avec du sang. Tout cela s'efface, tout cela tient peu... Ah! ah!

Il rit amèrement.

Que sent-on, s'il vous plait, dans son cœur, lorsqu'on trahit un serment? Que croyez-vous, madame, qu'il devienne dans le ciel lorsqu'il y fut accepté?

LA MARÉCHALE.

Grâce! grâce!

BORGIA.

C'est qu'alors nous étions heureux, brûlants et purs comme le ciel italien. On nous crut frère et sœur en voyant notre amitié, et l'on ne cessa de le croire qu'en voyant notre amour. Mais à présent...

LA MARÉCHALE.

Oh! pas davantage. Vous me faites bien mal!

BORGIA.

Et à présent, au lieu d'être la pauvre et bien-aimée Galigaï, vous êtes la femme d'un vil favori.

LA MARÉCHALE, *se levant avec fierté.*

Ah! cela n'est pas! Concini est votre ennemi; il n'est pas noble à vous d'en parler ainsi.

BORGIA.

Je puis en parler ainsi, car il est triomphant et tout-puissant. Asseyez-vous; je n'ai pas tout dit. Répondez-moi vite, car nous avons bien peu de temps à nous parler. Il me faut savoir si vous avez mérité les malheurs qui vous viendront.

LA MARÉCHALE.

Quels malheurs? qui me menace? que voulez-vous dire?

BORGIA, *élevant les bras au ciel.*

Eh quoi! ne le savez-vous pas?

LA MARÉCHALE.

Non, en vérité, je ne le sais pas.

BORGIA.

Ne savez-vous pas ce que fait Paris depuis deux jours?

LA MARÉCHALE.

Non, je ne le sais pas.

BORGIA.

Ah! pitié! pitié! éternelle pitié! De la haine, vous n'en méritez point.

LA MARÉCHALE.

Mais que voulez-vous dire?

BORGIA.

Le pouvoir et la richesse sont deux murailles impénétrables à tous les bruits. Malheur à ceux qui s'y renferment!

LA MARÉCHALE.

Borgia, chaque regard et chaque mot de vous me remplit d'effroi.

BORGIA.

Vous et lui, lui et vous! puisque vous êtes unis! ne sentez-vous pas la terre qui tremble sous vos pas? Votre fortune est trop haute, madame : elle va crouler.

LA MARÉCHALE.

Et pourtant tout nous a réussi.

BORGIA.

Pour votre malheur.

LA MARÉCHALE.

Le peuple de Paris ne m'aime-t-il pas?

BORGIA.

Il ne vous connaît pas.

LA MARÉCHALE.

J'ai fait tant de bien

BORGIA.

Il ne le sait pas.

LA MARÉCHALE.

J'ai donné tant d'argent !

BORGIA.

Il ne l'a pas reçu.

LA MARÉCHALE.

On m'a dit qu'il détestait Luynes et les mécontents.

BORGIA.

Eh ! Paris est à eux. Qui vous a dit de telles choses ?

LA MARÉCHALE.

Qui ? Le maréchal de Thémines, monsieur de Conti, monsieur de Monglat, le conseiller Déageant, l'évêque de Luçon, tous les gens de la cour.

BORGIA.

Ils ont tous traité d'avance avec monsieur de Luynes et le prince de Condé, vos ennemis. Le marché est passé.

LA MARÉCHALE.

Quel marché ?

BORGIA.

Votre tête, Louis XIII maître absolu, sa mère exilée.

LA MARÉCHALE, *stupéfaite.*

Est-ce un rêve que ceci ?

BORGIA.

Non, c'est un réveil.

LA MARÉCHALE.

Hélas ! ils m'ont donc aveuglée ?

BORGIA.

Hélas ! ils vont ont traitée en reine ! — Quoi ! Concini n'a rien prévu ? Comment donc le sauver ?
Se promenant avec agitation.

Ah ! maudite à jamais l'étiquette empesée qui sépare du monde tous les grands ! maudite soit la politesse criminelle qui peint sur les plus nobles visages le souple consentement du flatteur ! On parle, vous n'entendez pas ; on écrit, vous ne lisez pas ! Vous ne voyez rien ! Vous ne savez rien ! Vos lambris dorés sont des grilles !

LA MARÉCHALE.

Calmez-vous ! calmez-vous !

BORGIA.

Et votre reine tombe avec vous ! et vous êtes aveugle, et vous aveuglez les autres
Revenant à elle, avec colère.

Eh! de quoi se mêlait une faible femme? Aller se charger des destinées d'un grand royaume! Tout ce qu'une main d'épée peut faire, une main de fuseau l'entreprend! Il n'y a que les femmes d'Europe qui soient telles. Les chrétiens se trompent... Au sérail!... au sérail!...

LA MARÉCHALE *se lève.*

Du mépris, Borgia?

BORGIA, *avec désespoir.*

Non, du désespoir... Tu vas mourir bientôt.

LA MARÉCHALE, *avec calme, après avoir réfléchi.*
En vérité, vous vous méprenez. Je sais cela mieux que vous; tout est calme, tranquille, et l'avenir est sûr pour nous.

BORGIA.

L'avenir a deux heures à vous donner, tout au plus.

LA MARÉCHALE.

Et comment l'avez-vous appris?

BORGIA.

Répondez, répondez! Le mal que Concini a fait, en êtes-vous complice?

LA MARÉCHALE.

Le mal?

BORGIA.

Ses exactions en Picardie, ses rapines partout, ses violences dans Paris, qui en soulèvent tout le peuple contre lui...

LA MARÉCHALE.

Mais le peuple de Paris ne se mêle de rien; tout se passe entre le maréchal d'Ancre, le prince de Condé et monsieur de Luynes. J'ai fait arrêter monsieur le Prince: tout est fini.

BORGIA.

L'intérieur du palais est tout ce que vous voyez. Mais, répondez-moi, qu'avez-vous fait de mal dans tout ce mal? Dites-moi quelque chose qui puisse vous excuser; je veux vous sauver. Enfin, *le crime du vendredi*, l'avez-vous su?

LA MARÉCHALE.

Ce jour-là fut toujours malheureux pour moi.

BORGIA.

Et la rue de la Ferronnerie?

LA MARÉCHALE.

Quoi!

BORGIA.

Un roi si bon qu'il avait fait aimer le pouvoir absolu!

LA MARÉCHALE, *tremblante.*

Eh bien?

BORGIA.

Henri IV...

LA MARÉCHALE.

Eh bien ?

BORGIA.

C'est Concini qui l'a fait tuer; c'est pour cela qu'il mourra.

LA MARÉCHALE.

Prétexte! cela n'est pas.

BORGIA.

J'en ai la preuve, je l'apporte.

LA MARÉCHALE.

Et pourquoi, grand Dieu, l'apporter?

BORGIA.

Afin qu'il tombe. Je veux sa mort, je veux sa mort, parce qu'il m'a ôté la vie en m'ôtant ta main. J'aime tous ses ennemis et je hais tous ses amis. J'ai épousé toutes les haines qu'il a soulevées, j'ai adopté toutes les vengeances, justes ou non, les premières venues. Mais vous, je veux vous sauver, parce que vous vous êtes souvenue de moi. Cela m'a touché.

LA MARÉCHALE.

Et moi, je ne le veux pas. Vous voulez tuer le père de mes enfants. Si vous aviez tenu à nos souvenirs, auriez-vous poursuivi cette vengeance? C'est Luynes qui vous a suscité. Vous revenez à moi le stylet à la main.

BORGIA.

Le stylet! Concini s'en est servi plus que moi; peut-être ne le saviez-vous pas!

LA MARÉCHALE.

Nommez-le ambitieux, perfide, vous en avez le droit : il nous a trompés, trompés tous les deux. Mais ne le dites pas assassin : je n'y crois pas. C'est par haine que vous êtes venu ici, non par amour.

BORGIA.

Pour tous les deux.

LA MARÉCHALE.

Eh bien, quelle preuve enfin avez-vous contre lui?

BORGIA.

Il a écrit à l'homme.

LA MARÉCHALE.

A quel homme?

BORGIA.

A Ravaillac. Et il y a au bas de sa lettre une écriture de femme. Pas la vôtre, grâce au ciel!

LA MARÉCHALE.

Oh! horrible à entendre! horrible à penser!

BORGIA.

Que vous importent ces secrets d'État ? Vous les ignoriez, n'est-ce pas ?

LA MARÉCHALE.

Oh ! profondément.

BORGIA.

Votre hôtel sera entouré tout à l'heure par le peuple armé. Préparez-vous à me suivre.

LA MARÉCHALE.

Sauvez-vous mon mari ?

BORGIA.

Je n'en sais rien. Mais qu'importe ! Il est loin de Paris, en sûreté.

LA MARÉCHALE.

Comment le savez-vous ? Sur qui avez-vous autorité ? Qu'êtes-vous venu faire en France ?

BORGIA.

Je vous le dis, le tuer si je le rencontre jamais ; sinon, les autres le laisseront échapper.

LA MARÉCHALE.

Oh ! par pitié, faites cela ! ce sera plus digne de vous. N'usez jamais de ces lettres !

BORGIA.

Avouez donc que ce Concini est un infâme, et je serai content.

LA MARÉCHALE, *baissant les yeux.*

Il est mon mari.

BORGIA, *sombre.*

Oh! que je vous entende parler de lui comme je fais, et je suis vengé, et je suis satisfait !

LA MARÉCHALE.

Il est mon mari.

BORGIA.

Dites seulement que vous ne l'avez jamais aimé ; seulement cela, et je rends ces lettres à vous ou à lui.

LA MARÉCHALE.

Lui rendrez-vous ces lettres?

BORGIA.

Cela ne le sauvera que du roi ; mais je le ferai je vous les rendrai à vous-même.

LA MARÉCHALE.

Elle s'approche de la porte, et l'ouvre pour ne plus être seule avec Borgia, et fait un geste pour appeler madame de Rouvres ; puis revient et tire de son sein un portrait.

Voilà ma réponse, Borgia : c'est votre portrait

BORGIA.

Quoi! vous l'aviez gardé!

LA MARÉCHALE.

C'était pour vous pleurer. Maintenant, par pitié, ne m'en parlez pas! je vous le rendrais... Madame de Rouvres, amenez mes enfants!

Madame de Rouvres paraît, et sort à l'instant. La maréchale se rassied, et prend la main de Borgia.

Asseyez-vous près de moi; calmons-nous. Ne me parlez pas, je vous en supplie, pendant un instant. Vous m'avez troublée jusqu'au fond du cœur : c'est une grande faiblesse à moi; mais vous reparaissez ici avec des souvenirs d'amour et des cris de haine; les uns m'effrayent pour moi, les autres pour ma famille. Écoutez, je ne suis plus à moi; je suis épouse, je suis mère; je suis amie d'une grande reine et comme gouvernante d'un grand royaume. J'ai besoin de toute ma force. Oh! par grâce, ne me l'ôtez pas en un jour. Dites vrai, dites tout. Je ne vous demande pas le nom des conjurés, mais seulement ce qu'ils doivent faire. Puisque enfin vous aviez voulu me sauver, que ne les avez-vous arrêtés?

BORGIA.

Je le pouvais pour quelques heures, et je l'ai fait. C'est le temps que nous perdons ainsi.

LA MARÉCHALE.

En sommes-nous donc là? Eh bien, ne pensez plus à me sauver, car il est trop tard.

Les enfants entrent avec madame de Rouvres.

Voici mes deux enfants; prenez-les tous deux en pitié.

SCÈNE IV

Les Mêmes; MADAME DE ROUVRES entre, tenant une Jeune Fille dans son bras droit et conduisant par la main LE COMTE DE LA PÈNE, jeune garçon de dix ans, portant l'épée au côté avec plusieurs ordres au cou. La maréchale va au-devant d'eux, prend sa fille dans ses bras et son fils par la main.

LA MARÉCHALE.

Laissez-les moi, madame de Rouvres; je vous les rendrai quand on me les aura rendus à moi-même : je ne sais pas quel jour; ce jour-là est écrit là-haut. Ce que je dis ne vous surprend-il pas?

MADAME DE ROUVRES.

Je ne dois pas empêcher madame la marquise de faire une chose que je crois prudente.

LA MARÉCHALE.

Prudente, madame! Vous craignez donc quelque chose? Vous ne m'en parliez pas.

MADAME DE ROUVRES.

Il y a des temps, madame, des situations qui rendent plus circonspect qu'on ne voudrait l'être. J'aimais trop vos enfants pour les quitter sans peine ; mais je crois qu'il est sage de les éloigner.

LA MARÉCHALE, *pâlissant et émue,*
considère attentivement le visage de madame de Rouvres.

Voilà qui m'étonne beaucoup. Allons ! c'est bien ; rentrez, madame, rentrez.

À ses enfants froidement.

Embrassez-la.. dites-lui adieu.

LE COMTE DE LA PÈNE, *avec méfiance.*

Adieu, madame, adieu. Je vous remercie des bontés que vous avez eues pour nous.

Madame de Rouvres sort, la tête baissée.

LA MARÉCHALE.

Ah ! cette femme m'a fait trembler, avec son air contraint et forcé. Tout ce que vous dites est vrai, je le sens ; je sens qu'un grand malheur m'enveloppe ; je vous connais, d'ailleurs, vous êtes du sang des Borgia. Si c'est vous qui avez résolu ce qui doit arriver, je sens que cela ne peut pas changer ; vos colères italiennes sont inaltérables. Vous et Concini, vous nourrissez une haine dont j'ai été la cause bien innocente. Mais n'importe ! si votre parti est pris, le mien l'est aussi. Comme il y a eu quelque chose de généreux à venir vous-même ici dire : « Je vais vous perdre et j'ai conspiré avec vos ennemis ; » moi, je vous dis : Vous êtes dans mes mains ; je pourrais vous faire arrêter. Mais vous vous êtes souvenu de votre amour pour m'avertir : je m'en souviendrai pour me confier à vous. Voici les otages que je vous donne.

BORGIA.

Quoi ! les enfants de... ?

LA MARÉCHALE.

Oui, les enfants de Concini. Et, si vous êtes un galant homme, vous les sauverez. Donnez-moi votre main, promettez-moi leur vie. Après moi et leur père, après vous-même, qu'on les donne à monsieur de Fiesque. Voilà ce que je veux : si je suis en péril de mort, vous le savez mieux que moi. Je n'y veux plus penser. Acceptez-les ; nous voilà tous dans vos mains.

BORGIA.

Eh ! ne voyez-vous pas bien qu'après tout je suis venu pour vous revoir et vous sauver ?

LA MARÉCHALE.

On vient. Quelque nouvelle qu'on m'apporte, je compte sur votre parole.

Elle pose sur la table le portrait de Borgia, qu'elle avait ôté de son sein.

SCÈNE V

Les Mêmes, FIESQUE, D'ANVILLE, THÉMINES; Un Page *soulève la portière tapissée, et introduit ces gentilshommes.*

LA MARÉCHALE. *Elle s'assied entre ses deux enfants, et caresse la tête de l'aîné avec distraction.*

Eh bien, messieurs, vous avez un air riant qui rassurerait les plus timides. Que nous apprendrez-vous ?

FIESQUE.

Ah ! madame, les plus plaisantes choses du monde ! Monsieur l'évêque de Luçon est arrivé ce soir même à Paris, on ne sait pourquoi, et la reine lui a dit : « Monsieur de Richelieu, c'est signe de bonheur de vous voir chez soi. » Je n'ai jamais tant ri, en vérité, madame : sa figure était plaisante.

D'ANVILLE.

Et il a salué en se mordant les lèvres, n'est-il pas vrai, monsieur de Thémines ?

THÉMINES.

Ma foi! il y avait là de quoi le faire réfléchir.

FIESQUE.

On ne parlait que de cela chez madame la princesse de Conti.

LA MARÉCHALE, *à Borgia, qui reste sombre et appuyé sur le fauteuil.*

Vous voyez de quoi l'on s'occupe. N'avais-je pas raison d'être tranquille ?

BORGIA, *à demi-voix.*

S'ils ne sont pas fous, c'est moi qui le suis !

LA MARÉCHALE.

Et de quoi parle-t-on dans Paris, monsieur le maréchal ?

THÉMINES.

Du nouveau connétable, madame : on se demande quand monsieur le marquis d'Ancre reviendra pour en recevoir l'épée fleurdelisée. On s'assemble pour en parler devant votre hôtel.

LA MARÉCHALE, *à Borgia.*

C'est donc à cela que tout se réduit ?

BORGIA, *à demi-voix.*

Ces vieux-enfants... comme ils dansent légèrement sur une corde qui les soutient ! Tous frappés de vertige, sur mon âme !

SCÈNE VI

Les Mêmes, CRÉQUI, MONGLAT, quelques Gentilshommes *de Concini. Monglat salue précipitamment ; il est un peu agité.*

LA MARÉCHALE.

Dit-on quelque chose aujourd'hui, messieurs ?

Après la réponse de Créqui, elle parle bas à Fiesque.

CRÉQUI.

On parle beaucoup du nouveau président au Parlement, madame.

Bas à Thémines.

Ah çà! il paraît qu'elle ne se doute de rien. Le roi va exiler la reine mère.

THÉMINES, *bas.*

Elle est d'une tranquillité surprenante. Je crois bien qu'elle sait ce qui arrive, mais qu'elle nous cache ses impressions. Elle est aux premières loges pour voir, et elle sait bien des choses que nous ignorons.

MONGLAT.

On dit que monsieur de Bouillon fait quelques tentatives.

Bas à Thémines.

Mais à quoi songe-t-elle ? Savez-vous que le peuple s'assemble sous les fenêtres et que mes chevaux ont eu peine à passer ?

THÉMINES, *à demi-voix.*

Oh ! vous pensez bien qu'on a pris des précautions. Autrement son sang-froid serait inexplicable.

SCÈNE VII

Les Mêmes, MADAME DE ROUVRES et MADAME DE MORET.

On entend des cris sourds; une rumeur prolongée.

BORGIA, *à la maréchale, à ce bruit.*

L'entendez-vous ? l'entendez-vous ? C'est la grande voix du peuple.

MADAME DE MORET.

Ah ! madame ! la reine est arrêtée chez elle.

MADAME DE ROUVRES.

Et le roi a donné ordre de faire murer toutes ses portes.

MADAME DE MORET.

Excepté une que gardent les mousquetaires.

LA MARÉCHALE, *se levant*.

C'est par celle-là que j'entrerai.

BORGIA.

Cherchez-en une pour sortir, madame.

LA MARÉCHALE.

Je vais près de la reine : elle est trahie.

THÉMINES.

Il serait plus prudent de demeurer ici, madame.

LA MARÉCHALE.

Allez, mesdames, allez toutes les deux chez la reine de ma part. Passez par mes appartements, et dites-lui que tous les amis du maréchal d'Ancre lui sont dévoués. Revenez sur-le-champ me répondre. On a profité de l'absence de mon mari.

Elles sortent.

Ne le remplacerez-vous pas, messieurs ?

FIESQUE.

Je vais le premier, madame, savoir ce que signifie

cet ordre du roi. C'est cet intrigant de Luynes qui l'aura suggéré.

Il sort.

LA MARÉCHALE.

Que je vous remercie ! Allez et revenez vite, monsieur... Monsieur de Thémines, si vous m'aimez, assemblez nos gentilshommes, et...

BORGIA.

Il n'a pas le temps, madame. Retirez-vous.

THÉMINES, *montrant Borgia.*

Savez-vous bien qui vous recevez, madame? Cet homme a été vu partout. Il joue deux rôles, je vous en préviens.

Rumeurs du peuple.

LA MARÉCHALE.

Revenez sur-le-champ, je vous répondrai.

Thémines sort.

BORGIA.

Eh ! ils n'ont pas su vous conseiller, ils ne sauront pas vous défendre. Allez tous saluer Louis XIII, messieurs, vous êtes libres.

MONGLAT.

Vous êtes bien libre ici vous-même, mon petit Corse.

BORGIA.

Plût à Dieu que libre aussi fût mon bras!...
A la maréchale.

Près de moi, près de moi, c'est la seule place pour vous.

CRÉQUI.

Où cet homme prend-il ses familiarités?

LA MARÉCHALE.

Allez, Créqui, allez, puisque personne ne retourne ici... Bon Dieu! je ne sais ce qui leur arrive... Personne, personne ne revient, ni de chez la reine, ni de la ville... Les fait-on périr à mesure, ou m'abandonnent-ils l'un après l'autre?

CRÉQUI.

Le peuple crie... Je vais m'informer...

MONGLAT.

On n'entend rien distinctement... Je vais voir...
Ils s'éloignent et sortent.

BORGIA.

Près de moi, près de moi, ou vous êtes perdue!

LA MARÉCHALE.

Non, je veux me montrer; je veux voir et être vue. Ouvrez! ouvrez cette fenêtre!
Elle ouvre; une grêle de balles brise la fenêtre.

BORGIA.

Imprudente !

Il l'entraîne hors du balcon.

LA MARÉCHALE.

Elle revient, mais pâle, froide et grave, regardant Borgia et les gentilshommes. Elle remarque une balle de plomb.

Avec ironie.

Des balles, messieurs ! On me traite en homme, et en homme de guerre. C'est un honneur auquel je ne m'attendais pas.

Avec effusion, à Borgia.

Ah ! vous aviez raison. Prenez mes enfants et partez. Que la bonté céleste vous accompagne ! O mes enfants, mes consolations ! Embrassez-moi ! Vite ! vite ! embrassez-moi !

LES ENFANTS.

O madame ma mère, madame ! madame !

BORGIA.

On vient...

LA MARÉCHALE, *avec hauteur.*

Qui ?... Eh bien, que me veut-on ?... C'est vous, monsieur le conseiller ? — Qu'y a-t-il ? Le favori renverse la favorite aujourd'hui ; c'était hier le contraire. Voilà tout.

SCÈNE VIII

LES MÊMES, DÉAGEANT, *suivi de* GARDES DU CORPS.

DÉAGEANT.

Vous êtes arrêtée, madame, et je vais vous conduire d'ici à la Bastille.

BORGIA, *à Déageant.*

La voici... prenez-la... une prison est plus sûre pour elle. Les échelles sont placées au balcon.

Il ouvre la porte des appartemens.

Allez, messieurs! je vous la livre, moi. Allez... emmenez-la.

LA MARÉCHALE, *embrassant ses enfants.*

Adieu! adieu! Oh! sauvez-les, monsieur, sauvez-les. Otez-les-moi, et sauvez-les, Borgia!

DÉAGEANT, *prenant le portrait sur la table.*

Mettez ceci à part; rien n'est indifférent dans cette affaire.

Les gardes emmènent la maréchale avec précipita-

tion. Les gentilshommes de Concini se retirent après avoir essayé de concerter une résistance d'un moment, sans réussir à s'entendre.

SCÈNE IX

BORGIA, PICARD, puis LE PEUPLE.

LE PEUPLE, *en dehors.*

Concini! Concini! Mort à Concini!

BORGIA, *allant au balcon.*

Picard, où es-tu?

PICARD.

Ouvrez-moi! me voici.

BORGIA. *Il ouvre; un flot d'hommes armés entre par la fenêtre.*

Concini est parti. Sa femme est arrêtée. Tout est à vous, excepté ceci.

Il enveloppe la petite fille dans son manteau, et, prenant le jeune garçon par la main, traverse la foule et sort.

ACTE III, SCÈNE IX.

PICARD.

Ne versons pas une goutte de sang, et ne prenez pas une pièce d'or.

HOMMES DU PEUPLE.

Mettez le feu à leur palais.

PICARD. *Il hausse les épaules en les voyant faire.*

Et qu'y gagnerons-nous ?

Le peuple commence le pillage.

ACTE QUATRIÈME

La chambre du juif ; la même qu'au deuxième acte. — Concini est assis sur une chaise longue, et à demi couché. Isabella, debout à quelque distance, le regarde avec défiance, et reste comme prête à s'échapper par la porte qu'elle tient entr'ouverte.

SCÈNE PREMIÈRE

CONCINI, ISABELLA.

CONCINI, *continuant une querelle galante.*

Non, non, vous n'en saurez rien, tant que cette porte ne sera point fermée, et tant que vous conserverez avec moi ce petit air boudeur qui fait peur à voir.

ISABELLA.

Mais vous me direz cela, et vous ne me parlerez plus d'amour.

CONCINI.

D'amitié seulement : je vous le promets, foi de Florentin !

ISABELLA *ferme la porte presque entièrement.*

Est-ce que le juif m'a laissée seule avec vous ?

CONCINI.

Non pas ! il compte ses ducats et ses florins quelque part, près d'ici. Laissons-le faire, et comptons chaque minute des heures de la nuit par une note de la guitare et de la voix. Chantons et parlons.

ISABELLA.

Si je ne savais qu'on doit craindre tous les hommes, j'aimerais à vous entendre, car je suis lasse de ne voir personne.

CONCINI.

J'étais bien plus las d'attendre dix heures pour vous voir dans cette sombre maison. Savez-vous qu'à la cour vous éclipseriez toutes les femmes ? Auprès des Italiennes, les Françaises paraissent des ombres pâles.

ISABELLA.

N'y a-t-il pas d'Italiennes à la cour ?

CONCINI.

Oh ! il y en a bien quelques-unes à la suite de la reine, mais ce n'est pas la peine d'en parler. Écoutez cet air.

ISABELLA.

Point d'italien. Cela me fait trop de peine... cela me saisit tout le cœur... Quand vous parlez français, je suis plus tranquille.

CONCINI, *ironiquement.*

Et comme je veux votre tranquillité surtout, je parlerai français ; mais je ne sais chanter qu'en italien, c'est à cela que je gagne ma vie tous les soirs.

ISABELLA.

Tous les soirs, dans les rues ? Ah ! *povero !*

CONCINI.

Mais ce qui me rapporte le plus, c'est de tirer les horoscopes et de dire la bonne aventure.

ISABELLA.

Vraiment ! vous savez dire l'avenir ?

CONCINI.

Et même je sais aussi les secrets du présent.

ISABELLA.

Faut-il vous croire ?

CONCINI.

Eh ! sans cela, comment aurais-je deviné que votre mari a une lettre qu'il cache si soigneusement ?

ISABELLA.

C'est vrai! Et ne saurais-je pas sa conduite, que vous devinez si bien, dites-vous?

CONCINI, *l'interrompant.*

Tenez, il y a un air qui me vaut toujours quelque chose de bon, un air qui m'a toujours porté bonheur.

ISABELLA.

Répondez-moi, répondez-moi plutôt.

CONCINI.

Me direz-vous où le signor Borgia met cette lettre?

ISABELLA.

Mais pourquoi donc y tenir autant?

CONCINI.

C'est une lettre de femme, d'une femme qu'il aimait. Voilà la vérité.

ISABELLA.

Lui! vraiment! lui! Il ne m'en a jamais rien dit.

CONCINI.

La belle raison pour que cela ne soit pas! Vous seriez sa dernière confidente.

Avec gaieté.

Venez donc ici, que l'on vous parle.

ISABELLA, *reculant.*

Non, non !

CONCINI, *grattant les cordes de la guitare indifféremment.*

Je gagerais qu'il a grand soin de cette lettre.

ISABELLA.

Oui ; il la serre toujours dans un portefeuille.

CONCINI, *jouant un prélude.*

Tenez, voici le commencement de cet air.

ISABELLA.

Mais quelle était cette femme ? Était-elle de Florence ?

CONCINI.

Je ne puis vous crier son nom d'ici, on m'entendrait par les fenêtres : venez vous asseoir près de moi. Oh ! le beau temps ! Voyez, ne dirait-on pas Florence ? Je crois sentir les orangers.

ISABELLA.

Mais pourquoi le ciel est-il tout rouge là-bas ?

CONCINI.

Ah ! c'est vrai. C'est du côté du Louvre. Bah ! c'est un feu de joie.

A part.

Pour mon départ peut-être !

ISABELLA.

On dirait qu'on entend crier.

CONCINI.

Je n'entends rien.

ISABELLA.

Non, plus rien.

CONCINI.

Ce sont les Français qui s'amusent.

ISABELLA.

Chantez donc votre air favori...

Concini commence l'air. Elle ne lui laisse pas achever deux mesures.

Et quelle était cette femme que Borgia aimait? Je gage que c'était celle qu'il va voir souvent à présent.

CONCINI.

Peut-être bien ; et, pour le savoir, il faut me donner la lettre.

ISABELLA.

Je la trouverai et je vous la donnerai, mais il l'a toujours sur lui.

CONCINI, *à part.*

Je le poignarderai et je l'aurai. Double bien

ISABELLA.

N'est-ce pas une très belle femme?

CONCINI.

Peut-être! Quelle est celle que vous soupçonnez? Voyons!

ISABELLA.

Oh! c'est un secret. Elle se nommait autrefois Galigaï : c'est tout ce que je sais.

CONCINI, *laissant tomber sa guitare sur ses pieds, mais sans la lâcher tout à fait.*

Elle a voulu le revoir! Ah! Borgia! nous nous sommes croisés, je le mérite bien.

ISABELLA *ferme la porte et vient près de lui.*

Eh bien, vous ne la connaissez pas, n'est-il pas vrai?

CONCINI, *avec humeur.*

Va-t-il chez elle?

ISABELLA.

Oh! certainement, il va chez elle. Et je ne sais qu'en penser. Quand je lui demande pourquoi il va la voir, il me répond que c'est pour une importante affaire d'État. Quand je demande si elle est jolie, il ne répond pas. Au reste, je crois qu'elle n'est ni aimable ni belle! et il m'aime tant!

CONCINI.

Eh ! femme ! elle est belle et très belle ; ils s'aimaient, et elle l'aime.

ISABELLA.

Elle l'aime ? elle est belle ? ils s'aimaient autrefois ?

CONCINI.

Oui, oui, vous dis-je ; elle trompe Concini son mari, et Borgia trompe sa femme. Concini se vengera, j'en réponds, car Concini est un homme très cruel. Mais, vous, ne vous vengerez-vous pas, Italienne ?

ISABELLA, *sans l'écouter.*

C'était donc avant son mariage qu'ils s'aimaient ? Et pourquoi m'a-t-il épousée, s'il l'aimait ? Oh ! voilà qui confond d'étonnement.

CONCINI.

Concini, lorsqu'il saura tout, la punira bien cruellement. Concini, certainement, la fera mourir.

ISABELLA.

Certainement, il fera bien. Cette femme le mérite... Mais pourquoi m'a-t-il épousée, puisqu'il l'aimait ?

CONCINI.

A quelle heure va-t-il la voir ?

ISABELLA.

Qui vous a dit qu'ils s'étaient aimés?... Répondez-moi, par pitié.

CONCINI.

Ce que je demande est plus important ; dites tout ce que vous savez.

ISABELLA.

Oh! pourquoi êtes-vous venu me surprendre mes secrets et me glisser les vôtres? Que vous ai-je fait?

CONCINI, *avec insolence.*

Eh! pardieu! la belle, vous n'avez rien fait que m'inspirer ce que tout honnête homme ressent pour une fille bien tournée. Mais, à présent, trêve de jolis propos. La femme dont vous me parlez m'intéresse plus que vous. Des détails, donnez-moi des détails sur elle.

ISABELLA.

Ah! vous me faites peur! Quel homme êtes-vous?... Aussi méchant, j'en suis sûre, que ce vil Concini.

CONCINI.

Vous ne vous trompez guère, aussi méchant, en vérité. Et si bien, qu'il n'est pas sûr de me désobéir. Borgia reçoit-il des billets?

ISABELLA.

Un seul ce matin ; un qui l'a fait sortir.

CONCINI, *lui prenant le bras avec violence.*

Eh! comment ne saviez-vous pas ce que ce pouvait être, imprudente? Ah! pour une Italienne, vous êtes bien peu jalouse!

ISABELLA.

Je n'avais pas encore pensé à l'être.

CONCINI.

Songez donc, songez à cela. Il est aux genoux d'une autre femme, il lui parle d'amour en la tutoyant.

ISABELLA.

Hélas! est-ce possible!

CONCINI.

Et cette femme est charmante... Elle est imposante et superbe, elle a des yeux d'une grande beauté; son esprit est plein de force, de grâce et de passion.

ISABELLA, *chancelant.*

Ah! voulez-vous me faire mourir!

CONCINI.

C'est un crime étrange que l'adultère. Je le trouvais bien léger tout à l'heure, et monstrueux à présent. Le parjure est vraiment la plaie de la société... Dire que ni vous ni moi ne pouvons les empêcher de s'aimer, quand nous les ferions mourir... Savez-vous bien qu'il se rit de vous dans ce moment ? Voilà ce qui est affreux à penser.

ISABELLA.

Oh ! oui. Cela me semble inévitable.

CONCINI.

Et soyez bien sûre que, si l'un d'eux porte quelque anneau conjugal, quelque bijou précieux, quelque signe d'un amour légitime, il en fait à l'autre le sacrifice en le donnant ou en le brisant à ses pieds. C'est presque toujours ainsi que cela se passe.

ISABELLA.

Quoi ! vous le croyez ! Je pense bien qu'en effet il faut que cela soit ainsi. Soutenez-moi un peu, mes genoux sont bien fatigués.

CONCINI.

Si vous m'aidez, je vous vengerai.

ISABELLA.

Comment ? comment ?

CONCINI.

Sur tous les deux.

ISABELLA.

Sur elle surtout... Mais lui...

ACTE IV, SCÈNE I.

CONCINI.

Eh bien, lui ?

ISABELLA, *tombant dans un fauteuil, évanouie.*

Ah ! j'ai le cœur brisé... Vous m'avez tuée... Laissez-moi...

CONCINI.

— Voilà comme elles sont toutes et comme nous sommes tous... Quand elle venait à moi tout à l'heure, comme fascinée par l'enchantement de mes flatteries, aurais-je pu croire qu'une bagatelle la rendrait aussi pareille à une morte qu'elle l'était à une joyeuse enfant? Et moi-même, quand je lui parlais d'amour, de volupté, de musique, par fantaisie, par désœuvrement, m'essayant de nouveau à mes folies de vingt ans, me trouvant peu coupable et riant de ma faute, je ne me croyais, ma foi, pas assez sot pour sentir un violent chagrin de ce qu'on me rend la pareille. On dirait que l'affliction est une chose matérielle. Je l'ai, là, sur le cœur, comme une masse de plomb. Elle m'oppresse, elle m'étouffe. — Une idée certainement ne ferait pas tout ce mal, une idée que d'autres idées combattent et anéantissent... Ah! cela me brûle. J'ai beau raisonner. Le raisonnement est un faux ami qui fait semblant de nous secourir et ne donne rien. Quand je me répéterais mille fois : « La maréchale d'Ancre ne te prive, par cette faiblesse, ni de tes grandeurs, ni de tes richesses, ni de tes plaisirs, ni même peut-être de son amour; » n'importe! je perds pour toujours la confiance aveugle, qui est pour le sommeil de l'homme le plus doux oreiller; je perds ce qu'on a de bonheur à rentrer chez soi et à s'asseoir, en souriant à sa famille. — On a beau se jouer de l'ordre : c'est un jeu auquel on se blesse soi-même. Ce plaisir fatal semble un hochet lorsqu'on attaque, c'est un poignard quand on est atteint. — Si Borgia rentrait en ce moment; s'il te voyait ainsi, jeune et simple femme, abattue par un mot, et moi frappé du même coup, serait-il orgueilleux de son triomphe ou honteux du mien? Lequel sent-on le mieux, du mal qu'on fait ou de celui qu'on reçoit ? Ah! la perte est plus vivement sentie que la conquête. L'une donne plus de douleur que l'autre de volupté.

Il touche Isabella.

Elle est froide, mais son cœur bat. Elle est évanouie... C'est un sommeil. Le sommeil est un oubli... Tu es plus heureuse que moi, va! beaucoup plus heureuse! Il est chez moi, et je demeure chez lui... Courons! j'ai le poignard de Florence pour l'homme de Corse... Plus d'incognito! je suis Concini, maréchal de France!

Il prend son manteau, et sort avec fureur, en enfonçant sur sa tête un chapeau à larges bords.

SCÈNE II

ISABELLA, *évanouie*;
SAMUEL, DÉAGEANT, Gardes.

DÉAGEANT.

Laisse-le aller, juif. Ses pages, ses domestiques et sa maison, tout va être cerné. Sa femme a été arrêtée à six heures par moi-même, ainsi que la régente. Tu n'as plus d'autre parti à prendre que de servir le roi ou d'être pendu.

SAMUEL.

Je vous préfère encore à la corde.

DÉAGEANT.

Eh bien, laisse-nous enlever paisiblement cette jeune femme. Elle aura une vengeance à exercer contre la Galigaï. C'est un instrument précieux. Je vais l'employer sur-le-champ dans le procès qu'on va faire.

A des exempts.

Portez-la au palais de justice dans une chaise.

A Samuel.

Pendant ce temps, il faut retenir chez toi ce basané

Concini pour une heure encore, afin de me donner le temps d'envoyer les mousquetaires. Il le faut, sur ta vie! Multiplie les embarras et les prétextes.

SAMUEL.

Reposez-vous sur moi. Je l'entends qui se heurte à toutes les marches et qui appelle à toutes les portes; je vais le rejoindre et l'arrêter.

Il sort d'un côté et Déageant de l'autre.

La scène change.

SCÈNE III

Un appartement grillé de la Bastille, où la maréchale est prisonnière. Sa lampe est allumée sur une table chargée de livres épars.

DÉAGEANT, UN CONSEILLER.

DÉAGEANT, *se frottant les mains.*

Le procès marche très bien. Monsieur de Luynes était fort content, n'est-il pas vrai?

LE CONSEILLER.

En effet, son froid visage s'est fort éclairci.

DÉAGEANT, *riant avec un air de triomphe.*

Ah! ah! ah! ah! c'est que (entre nous! de vous à moi!) c'est que les biens de la maréchale lui sont donnés par le roi après sa mort, et ce n'est pas peu de chose.

LE CONSEILLER.

Une fortune égale à celle de la reine mère.

DÉAGEANT.

Savez-vous que cette chambre de la Bastille est celle où on enferma le prince de Condé? Je l'ai voulu ainsi, moi; j'aime la justice du talion. — Eh bien, vous voyez que cette petite Isabella dépose avec une colère et une sincérité toutes particulières.

LE CONSEILLER.

Je crains qu'elle ne soutienne mal sa résolution. Quand elle pleure, elle s'affaiblit.

DÉAGEANT.

La Galigaï est déjà reconnue comme sorcière par tous les juges, sans qu'elle s'en doute le moins du monde. Voici en outre la preuve que nous cherchions. Regardez bien: voici ce livre que je voulais vous faire examiner, à vous, homme érudit en langages orientaux. Je vais le déposer au greffe comme un livre de sorcellerie et de divination.

LE CONSEILLER.

Mais elle a toujours passé pour assez pieuse; voici chez elle une image de la Vierge.

DÉAGEANT.

Oh! cela ne prouve rien.

LE CONSEILLER.

Et savez-vous bien que ce livre est l'Ancien Testament de Moïse?

DÉAGEANT.

N'importe, n'importe! L'hébreu est toujours cabalistique. Ah! bon Dieu! j'espérais ne pas la rencontrer, et la voilà qui vient droit à nous. Il n'y a pas moyen de l'éviter.

SCÈNE IV

DÉAGEANT, LA MARÉCHALE.
Elle marche avec agitation, suivie de DEUX FEMMES.

LA MARÉCHALE, *vivement*.

Sommes-nous en Espagne? Est-ce l'inquisition, monsieur? On entre jusque dans ma chambre; on ouvre mes lettres, on lit mes papiers. On me fait un procès, je ne sais lequel. La Chambre ardente siège à ma porte; on y pèse ma vie et ma mort, et je ne puis jeter un seul mot dans la balance; et je n'ai pas le droit seulement d'y paraître. Ah! c'est trop! c'est trop! Depuis ce matin que je suis arrêtée, vous avez fait de grands pas, messieurs, et vous avez mené vite les événements si j'en suis déjà à de tels actes de votre justice. On m'a dit tout à l'heure des choses si monstrueuses et si inconcevables, que je n'y puis croire. Il y a, dit-on, des témoins de mes grands crimes. Eh bien, allez, monsieur, allez dire à la cour que je demande à être confrontée avec eux. On m'accordera, j'espère, cette faveur.

DÉAGEANT.

Madame, si monsieur de Luynes...

LA MARÉCHALE.

Je sais, monsieur, je sais que le favori est maître et que vous êtes son conseiller, comme vous l'étiez hier de la favorite en ma personne. Épargnez vos excuses pour vous et pour moi. Allez, et faites ce que je vous demande, s'il n'est pas trop tard.

DÉAGEANT, *d'un air hypocrite.*

Je le veux bien, madame; mais, en cela, je prends beaucoup sur moi.

SCÈNE V

LES MÊMES, *hors* DÉAGEANT.

LA MARÉCHALE, *à ses femmes.*

Ne ménagez rien pour avoir des nouvelles de mes enfants, de monsieur le maréchal d'Ancre et de la reine. Faites parler les gardiens, les soldats, ceux qui m'ont servie, si vous les reconnaissez. Prenez des prétextes, donnez de l'or. En voici. Distribuez ces florins.

Elle leur donne deux bourses.

Retournez à ceux qui vous ont dit ce qu'on faisait à la Chambre ardente. Je vous tiendrai compte de votre fidélité si je survis à cette prison. Vous m'avez suivie, vous, et de plus grandes dames m'ont abandonnée. Allez, et sachez surtout si monsieur Borgia a réussi à sauver mes enfants.

Elles sortent. La maréchale s'assied.

SCÈNE VI

LA MARÉCHALE, *seule*.

Ah ! je sens que je suis perdue ! j'ai eu beau lutter, le destin a été le plus fort. Ah ! je sens que je suis perdue ! perdue !

SCÈNE VII

LA MARÉCHALE, DÉAGEANT, douze Présidents et Conseillers au Parlement ; LE MARÉCHAL DE THÉMINES, Les deux Fils *de M. de Thémines*, quelques Gentilshommes, *membres de la commission secrète.*

DÉAGEANT.

Madame, monsieur de Luynes, nommé par le roi pour présider la Chambre ardente, a consenti à nous envoyer près de vous pour la confrontation par vous désirée.

THÉMINES *s'avance et parle avec mesure et crainte.*

Il m'est encore permis de vous le dire, madame, ceci est un tribunal sévère; je vous en supplie, ne le bravez pas.

DÉAGEANT.

La cour vous fait signifier en somme que les chefs d'accusation contre vous sont ceux qui suivent. — Il convient que vous les entendiez debout. — La cour vous fait une grâce en vous les lisant; vous ne deviez les connaître qu'après l'arrêt.

La maréchale, qui allait s'asseoir, se lève.

« Sophar Léonora Galigaï, née à Fiorenzol, près de Florence, du menuisier Peponelli, vous êtes accusée du crime de lèse-majesté au premier chef et de trahison, comme ayant eu des intelligences secrètes en Savoie, en Espagne, où vous vous serviez de l'ambassadeur du grand-duc près du duc de Lerme; avec Spinola en Flandre et l'archevêque de Mayence en Allemagne, comme il appert par les chiffres secrets de vos correspondances; d'avoir usurpé l'autorité du jeune roi Louis treizième, notre maître; empêché le cours de la justice; commis d'énormes déprédations et gouverné l'esprit de la reine... Comment ? Par... »

LA MARÉCHALE, *avec impatience.*

Par l'ascendant d'un esprit fort sur le plus faible.

DÉAGEANT.

« ... Par des conjurations magiques; car il appert, par les déclarations de dix témoins, et entre autres de Samuel Montalto, juif, et Isabella Monti, ici présente, que ladite dame Léonora Galigaï aurait consulté des magiciens, astrologues judiciaires, entretenus à ses frais, sur la durée des jours sacrés de Sa Majesté le roi Louis treizième, et aurait professé la religion judaïque... A ces causes... »

LA MARÉCHALE, *interrompant*.

Et que ne m'avez-vous fait empoisonner ou étrangler dans la Bastille! cela valait mieux, messieurs: vous auriez sauvé la virginité des lois. — Où sont les preuves, où sont les témoins de cet extravagant procès? La chose en vaut la peine, messieurs; car, si j'ai bonne mémoire des coutumes, ce dont vous m'accusez là mérite le feu. Regardez-y à deux fois avant de déshonorer le Parlement; c'est tout ce que je puis vous dire. Quel coupable politique a-t-on tué jamais, sans l'avoir regretté un an après? J'ai vu un jour le feu roi Henri pleurer monsieur le maréchal de Biron. Bientôt il en serait de même de moi. Qu'est-ce que votre bourreau? Un assassin de sang-froid, qui n'a pas l'excuse de la fureur. Il ôte au coupable le temps du repentir et du remords; souvent il donne ce remords au juge, messieurs, et toujours à la nation le spectacle et le goût du sang.

Ici les juges l'entourent avec une curiosité insolente, comme pour la voir se justifier et pour jouir de son abaissement.

Eh! qu'ai-je donc fait, moi? Mes actes politiques

sont ceux de la régente et du roi ; mes sortilèges sont les craintives erreurs d'une faible femme jetée sans guide au sommet du pouvoir. Et qui de vous connaît une étoile qui dirige l'autorité sans faillir dans la tourmente des affaires humaines ? Que celui-là se montre, et je m'inclinerai devant lui ! Quels sont les noms de mes juges ?

— *Ici les juges s'éloignent peu à peu. Poursuivis par ses regards, ils se cachent les uns derrière les autres.*

Qui vois-je, autour de moi, dans ceux-ci ? Des courtisans qui m'ont flattée et qui furent mes dociles créatures.

THÉMINES.

Ah ! madame, que faites-vous ?

LA MARÉCHALE.

Allez ! c'est une honte, que des hommes, après avoir si longtemps obéi à une femme, se viennent réunir pour la perdre. Il fallait, messieurs, avoir hier le courage de me déplaire par de rudes conseils... ou le courage de m'excuser aujourd'hui.

Les désignant du doigt.

Répondez, monsieur de Bellièvre, vous qui m'avez conseillé le procès de Prouville*, me jugerez-

---

* Prouville, sergent-major (gouverneur) de la citadelle d'Amiens, avait été assassiné par un soldat italien envoyé par Concini et sa femme. Lorsqu'on jugea cet Italien, ils le firent évader.

vous? — Et vous, monsieur de Mesmes, qui vous êtes courbé si bas pour ramasser votre charge de président tombée de mes mains, me jugerez-vous?— Et vous, vous, monsieur de Bullion, qui m'aviez conseillé des ordonnances pour lever des impôts en Picardie, sans lettres royales, serez-vous mon juge?— Je vous en dirai autant à vous, monsieur de Thémines, que j'ai fait maréchal de France; et à vous-même, Déageant, président de mes juges; et à vous tous que je désigne tour à tour du doigt, et que ce doigt intimide comme au jour du jugement. Vous craignez que je ne vous dénonce l'un à l'autre, à mesure que je vous montre.

Ici les juges sont groupés loin d'elle contre les murailles, honteux, consternés.

Le bruit de votre nom vous fait peur; car vous savez que je vous connais; j'étais la confidente de vos bassesses, et tous vos secrets d'ambition sont rassemblés dans ma mémoire. Allez! faites tomber cette tête, et brûlez-la, pour réduire en cendres les archives honteuses de la cour!

Elle retombe assise.

DÉAGEANT.

Les insultes sont vaines, madame, et vous oubliez que vous avez à répondre aux témoins, et surtout à celui-ci.

SCÈNE VIII

Les Mêmes, ISABELLA.

ISABELLA.

Elle court regarder avec une curiosité insolente la maréchale, qui la contemple avec surprise.

A part.

Comme elle est belle !

Haut.

Tout ce que j'ai écrit, je le dis : cette femme est magicienne.

LA MARÉCHALE.

A part.

Mon Dieu ! il me semble que ceci est un rêve et qu'ils me parlent tous dans la fièvre.

Haut.

Je n'ai jamais vu cette jeune femme, et je ne sais d'où on la fait surgir contre moi : c'est une sanglante jonglerie.

ISABELLA.

Ce que j'ai dit, je le jure : elle est magicienne.

LA MARÉCHALE.

Je demande qu'on la fasse venir ici... ici... devant moi et près de moi, et que là, les yeux fixés sur les miens, elle ose répéter ce que vous lui faites dire.

DÉAGEANT, *à Isabella.*

Approchez-vous de l'accusée.

LA MARÉCHALE, *avec bonté et protection.*

Venez, venez, mademoiselle; d'où vous a-t-on tirée ? par quelles promesses vous a-t-on portée à ce crime que vous faites de perdre, par une fausse dénonciation, une femme que vous ne connaissiez pas et qui ne vous a jamais vue. Voyons! que vous a-t-on donné pour cela ? Il faut que vous soyez bien malheureuse ou bien méchante! Oserez-vous soutenir ce que vous avez dit ?

ISABELLA, *s'efforçant de la braver.*

Oui, je le répète et je l'affirme : je l'ai vue percer d'aiguilles une image du roi.

LA MARÉCHALE *s'approche d'elle en roulant son fauteuil, et lui prend une main en la regardant en face de près.*

Avec le ton du reproche.

Oh! oh! — Voici quelque chose de monstrueux! Si j'avais à croire aux prodiges, ce serait en vous voyant.

Elle l'observe.

Elle est toute jeune encore. J'ai l'habitude d'observer, et je sais les traces que laissent le crime et le vice sur les visages; je n'en vois pas une sur celui-ci : simplicité et innocence, c'est tout ce que j'y peux lire; mais en même temps l'empreinte d'une immuable résolution et d'une obstination aveugle... Cette résolution ne vient pas de vous, mademoiselle; il n'est pas naturel de faire tant de mal à votre âge; on vous a suggéré cela contre moi. Que vous ai-je fait? Dites-le hautement. Nous ne nous sommes jamais vues, et vous venez pour me faire mourir!

ISABELLA, *avec fureur et frappant du pied.*

Ah! j'ai dit la vérité!

LA MARÉCHALE *se lève.*

Non, non! Dieu n'a pas créé de femme semblable. Si ce n'est quelque passion qui l'agite, c'est un démon qui la tourmente... Jurez-le sur cette croix!

Elle prend une croix sur la table.

ISABELLA.

Je l'ai juré par le Christ.

LA MARÉCHALE, *vivement et comme ayant fait une découverte.*

Elle est Italienne... Jurez-le sur cette image de la Vierge!

ISABELLA, *hésitant.*

Sur la Madone?... Laissez-moi me retirer pour écrire le reste; je ne puis parler.

LA MARÉCHALE.

J'étais sûre qu'elle ne l'oserait pas?...
Vite et avec une faiblesse croissante.

Je demande, messieurs, qu'elle reste seule avec moi; je vous en supplie, messieurs, ordonnez cela... Je ne le demanderais pas s'il ne s'agissait que de moi; mais je ne suis pas seule au monde, enfin. Le mal qu'on veut me faire, on le fera à mon mari, à mes deux pauvres enfants (si jeunes, mon Dieu!), à tous mes parents, à tous les gentilshommes mes domestiques, à tous les paysans de mes terres, tous gens qui vivent de ma vie, et qui mourront de ma mort... Laissez-moi donc me défendre moi-même et toute seule jusqu'à la fin.

On hésite.

Oh! soyez tranquilles, cela servira peu, je le sens bien: il ne m'échappe pas que je suis condamnée d'avance... Vous savez bien tous que je dis vrai, d'ailleurs; si vous ne dites pas oui, c'est que vous avez peur de vous compromettre... Mais je ne le demande pas, messieurs, oh! mon Dieu, non!... Ne dites rien pour moi. Peut-être y en a-t-il quelques-uns parmi vous que j'ai offensés; je ne veux point de grâce; mais seulement laissez-moi parler à cette femme... Je sais si bien qu'elle n'a rien de commun avec moi!... Il y a conscience de me refuser cela!

DÉAGEANT.

A part.

C'est sans conséquence : elle ne fera que s'enferrer davantage...

Haut.

Cette liberté vous est laissée, madame, mais pour peu d'instants.

Ils sortent.

SCÈNE IX

LA MARÉCHALE, *assise;* ISABELLA, *debout et résolue.*

Long silence. Elles se toisent mutuellement.

LA MARÉCHALE.

A présent que nous voilà seules, savez-vous bien ce que vous avez fait ?... Vous avez causé ma mort ! Et quelle mort ! le savez-vous ? la plus effroyable de toutes !... Dans quelques heures, j'aurai la chemise de soufre et je serai jetée dans un bûcher !... Trop heureuse si la fumée m'étouffe avant que la flamme me brûle !... Voilà ce que vous venez de faire, le saviez-vous ?

Isabella se détourne à moitié, en silence.

Vous n'osez pas répondre? Eh bien; à présent, il n'y a personne ici, dites-moi ce que je vous ai fait, là. Si vous avez eu à vous plaindre de moi, en vérité je ne l'ai pas su. C'est là le malheur des pauvres femmes qu'on nomme de grandes dames. Vous ne me répondez pas, parce que je devrais me souvenir de vous par moi-même?— C'est bien là votre idée, n'est-il pas vrai? Oh! je vous comprends!... vous avez raison; mais je vous dis qu'il faut nous plaindre. On voit tant de monde!

Avec crainte.

D'ailleurs, ne croyez pas que je vous ai oubliée : je me souviens fort bien de vous; très bien?... Vous êtes venue deux fois... le matin... Mettez-moi donc un peu sur la voie seulement, et je vais vous dire votre nom... Vous souriez!... Je me trompe peut-être? — Mais, dans tous les cas, mademoiselle, je ne vous ai pas offensée au point que vous me soyez une ennemie si acharnée... Si vous êtes de Florence, vous devez savoir que j'ai toujours été bonne pour les Italiennes, autant que je l'ai pu. Mais, que voulez-vous! à la cour de France, on se méfie de nous beaucoup... Il faut des précautions pour demander... Si l'on me fait grâce, je m'y emploierai. Nous sommes des sœurs, toutes les Italiennes!...

En souriant.

D'où êtes-vous? Que vouliez-vous ici?... Il y aurait peut-être encore un moyen d'arriver... Causons... Approchez-vous... Causons....—Toujours aussi froide!

Elle se lève.

Mon Dieu ! qu'il faut que je l'aie offensée !... On ne sait ce que l'on fait quand on a peur de mourir !...

Avec orgueil, tout à coup.

Ah ça ! mademoiselle, n'allez pas croire, au moins, que ce soit pour moi que je vous ai priée ?... C'est pour mes enfants !... C'est parce que je sais qu'ils seront poursuivis, emprisonnés, déchus de leurs possessions et de leur rang, comme fils d'une femme décapitée ; ils mendieront peut-être leur pain en pays étranger... Et leur père ?... ce qu'il deviendra ?... ce qu'il est devenu ?

ISABELLA *avec aigreur, vivement.*

Ah ! je le sais, moi, madame...

LA MARÉCHALE.

Vous ?... Oh ! si vous êtes bonne, dites-moi cela, mon enfant !...

ISABELLA, *froidement et vivement.*

Une femme aussi inquiète de son mari serait bien malheureuse si elle l'aimait. Qu'en pensez-vous, madame ?

LA MARÉCHALE.

Quand une femme n'aurait pour le chef de sa famille qu'une douce et respectueuse amitié seulement, ce serait déjà une grande douleur, croyez-moi.

ISABELLA, *avec une passion triste et profonde.*

Quelle doit être donc la douleur d'une femme qui

ACTE IV, SCÈNE IX. 157

aime son mari comme on aime son Sauveur, son Dieu?... Une femme qui ne connaît de toutes les créatures que lui seul; de toute la terre que la maison où elle est cachée par lui ; qui ne sait rien que ce qu'il dit, qui ne veut rien que l'attendre et l'aimer; qui ne pleure que lorsqu'il souffre, qui ne sourit que lorsqu'il est content... Une femme qui l'aime ainsi et qui l'a perdu, que doit-elle donc souffrir ? Dites-le moi.

LA MARÉCHALE.

Que me veut votre regard fixe, et de qui prétendez-vous parler?...

ISABELLA.

Il est parti bien sombre et bien froid; elle a pleuré. On vient lui dire (je suppose), on vient lui dire : « Il aime une autre femme !... » Que souffrira-t-elle ?

LA MARÉCHALE.

Une torture affreuse! la mienne.

ISABELLA.

La mienne? — Attendez. — On vient lui dire : « Il est à ses genoux ! cette femme est charmante ! elle est imposante et superbe ! »

Elle regarde la maréchale fixement.

LA MARÉCHALE.

De qui parle-t-elle ?

ISABELLA, *poursuivant*.

On lui dit : « Tous les deux se rient de vous ; c'est presque toujours ainsi que cela se passe. » Quand on lui dit cela, que devient-elle ? Quand on me dit cela ?

LA MARÉCHALE.

A vous ?

ISABELLA, *se remettant tout à coup, et devenant froide et sévère.*

Et bien, oui, à moi ! Je le tiens d'un chanteur italien nommé Concini.

LA MARÉCHALE, *se levant.*

Où est-il ? où vous a-t-il parlé ?

ISABELLA.

A mes pieds, à genoux, là !

LA MARÉCHALE.

Ah ! c'est une fille perdue !

ISABELLA, *levant les bras au ciel avec désespoir.*

Oh ! oui, perdue !

LA MARÉCHALE.

Un mot seulement, et sortez ensuite. Monsieur le Maréchal d'Ancre est-il en péril de sa vie ?

ISABELLA.

S'il est caché chez quelque femme mariée, ne mérite-t-il pas que le mari de cette femme aille le tuer ?

LA MARÉCHALE.

Vous l'accusez là d'un double crime !

ISABELLA.

En parlerez-vous, vous qui séduisez le mari d'une autre femme ?

LA MARÉCHALE, *se levant.*

Qui ? moi ! moi ! que voulez-vous dire ? Vous a-t-on payée aussi pour m'insulter ?

ISABELLA.

Et Borgia, qu'en dites-vous ?

LA MARÉCHALE.

Quoi ! il était marié ? — Oh ! quelle honte ! oh quelle fausseté ! Lui, marié ?

ISABELLA.

Vous l'aimiez donc, et vous l'avouez ?

LA MARÉCHALE, *d'une voix entrecoupée et avec dédain.*

Je ne m'en souviens pas; et vous voyez que je le connaissais mal, car j'ignorais...

ISABELLA.

Que j'étais sa femme ?...

LA MARÉCHALE, *avec mépris.*

Vous ?

ISABELLA.

Vous vous en souviendrez, à présent.

Elle veut sortir.

LA MARÉCHALE, *l'arrêtant par le bras.*

Ah ! vous ne me quitterez pas ainsi ! Vous avez pu me dénoncer faussement ! Vous ou une autre, il fallait un faux témoin, peu m'importe : mais vous n'avez pas le droit de me croire humiliée devant vous. Je jure que...

ISABELLA.

Tenez ! jurez par son portrait trouvé chez vous !

Elle lui montre le portrait de Borgia, et sort violemment.

SCÈNE X

LA MARÉCHALE, seule.

Elle tombe sur son fauteuil en pleurant.

Ah! voilà le dernier coup... Trahie de tous côtés. Toujours trahie. Hélas! avec une existence entière... une existence sévère, toute de sacrifice et de vertu, ayez un moment de pitié!... oh! mon Dieu!... ayez un sourire ou une larme pour un souvenir bien peu coupable, et c'est assez pour tout perdre à jamais.

Elle se lève et se promène.

Quelle humiliation! ô Seigneur! quelle humiliation! Certainement, cette femme (une femme de rien!) aura droit de me dédaigner. Et penser que l'homme qui nous aime le plus se fait si peu scrupule de nous tromper! Et pourquoi? Pour arracher à une femme l'aveu qu'elle ne l'a pas oublié, l'aveu qu'elle est faible, qu'elle est femme! Ah! Borgia! Borgia! c'est bien mal!

Elle pleure et tombe à genoux.

Ah! prenez ma vie! prenez toute ma vie! vous m'avez déshonorée! Mais... ces pauvres enfants! mes pauvres enfants ! mes enfants adorés ! qu'ont-ils fait ? Où sont-ils, mon Dieu ? Dites-le-moi !

Elle demeure à genoux par terre, devant le fauteuil.

SCÈNE XI

LA MARÉCHALE, Deux Huissiers.

UN HUISSIER.

Monsieur le président et monsieur de Luynes vont venir.

Ils se retirent.

SCÈNE XII

LA MARÉCHALE, seule.

Elle se lève.

Voilà mon ennemi ! Eh bien, qu'il vienne qu'il vienne ! il ne me verra pas pleurer. Que servirait cette faiblesse ? A lui donner orgueil et joie! Ni l'un ni l'autre, monsieur de Luynes, ni l'un ni l'autre ! J'ai eu mon coup d'État hier; vous, le vôtre aujourd'hui. Mais je serai vengée. — Ah! courtisans, ah! vous avez mêlé le peuple à nos affaires; il vous mènera loin !

SCÈNE XIII

LA MARÉCHALE, LUYNES, VITRY, DÉAGEANT, TROIS GENTILSHOMMES, DEUX CONSEILLERS AU PARLEMENT.

LA MARÉCHALE *va au-devant de Luynes d'un air assuré et calme.*
Vite.

Ah! bonjour, monsieur de Luynes. Comment donc! vous venez visiter une pauvre prisonnière comme moi! Vous vous mettrez mal en cour, je vous en avertis.

LUYNES, *à part.*

Elle me brave. Il n'en faut rien voir, c'est mieux.
Haut.

Oui, madame. Le roi veut savoir si l'on a pour vous tous les égards convenables.

LA MARÉCHALE, *faisant la révérence.*

Je n'ai à me plaindre de personne, messieurs; personne ne m'a fait de bruit, car j'ai été seule jusqu'ici. Que dit-on de nouveau au Louvre?

LUYNES.

Oh!... peu de chose! Seulement, la reine mère est envoyée à Blois.

LA MARÉCHALE.

Envoyée? Hier, elle y envoyait.

LUYNES.

C'est le train des choses, madame.

LA MARÉCHALE.

Des choses d'aujourd'hui, monsieur.

LUYNES, *bas, à Déageant.*

Vous ferez disparaître cette femme corse pour toujours.

DÉAGEANT.

C'est fait.

LA MARÉCHALE, *s'asseyant.*

Que je ne vous gêne en rien, monsieur : je vais lire.

LUYNES, *saluant.*

Ah! madame, mille pardons! Je prendrais congé de vous si je n'avais à vous annoncer...

LA MARÉCHALE.

Est-ce la prise d'Amiens ?

LUYNES.

... Que le Parlement...

LA MARÉCHALE.

Eh bien, qu'a-t-il fait, ce pauvre Parlement?

LUYNES.

... A nommé...

LA MARÉCHALE, *avec dédain*.

Eh bien, a nommé... quoi? quelque commission secrète et soumise, n'est-ce pas ?

LUYNES.

... Monsieur de Bullion, monsieur de Mesmes...

LA MARÉCHALE.

Ah! bon Dieu, taisez-vous. On n'entend que ces noms-là, quand on veut faire condamner quelqu'un... C'est d'un ennui...

LUYNES, *à Vitry*.

Vous verrez qu'elle ne me laissera pas lui dire son arrêt.

LA MARÉCHALE.

Et l'évêque de Luçon, monsieur de Richelieu, les

a-t-il harangués ? Leur a-t-il dit encore : *La justice doit être obéissante, et en lèse-majesté les conjectures sont des preuves ?*

LUYNES, *à Vitry.*

Allez sur-le-champ arrêter son mari, mort ou vif.

VITRY.

Mort.

Il sort avec un des gentilshommes.

LUYNES.

Enfin, madame, il faut que vous sachiez...

LA MARÉCHALE, *avec hauteur.*

C'est bon, c'est bon ! j'en sais assez. A propos !...
Gaiement et tirant ses cartes de sa poche.

J'ai perdu la partie. Je vous fais cadeau de mon jeu de cartes magiques ; vous êtes meilleur joueur que moi. — Cependant, vous avez triché : prenez garde à vous ; le destin est plus fort que tout le monde.

Gravement et en l'amenant en avant.

Ah ça, venez ici maintenant, et cessons de donner la comédie.

A Luynes, gravement.

Écoutez, monsieur de Luynes, je sais vivre : je sais mon monde. Vous êtes bien avec le roi, et moi avec la reine. Le roi l'emporte, vous me renversez, c'est tout simple. Vous me faites condamner... probablement à mort.

LUYNES, *saluant profondément.*

Oh! madame! pouvez-vous penser que le plus humble de vos serviteurs...

LA MARÉCHALE.

Trêve de compliments, monsieur, je vous sais par cœur; mais entre gens comme nous, on se rend quelques services. Laissez-moi voir mes enfants, et j'avouerai tout ce que ces messieurs du Parlement auront fait.

LUYNES, *après avoir réfléchi, dit avec une rage concentrée.*
Bas.

Ah! pardieu! nous verrons si tu conserveras jusqu'au bout cet insolent sang-froid. Tu vas retrouver ta famille. Je le veux bien.

Haut.

Eh bien, madame, ayez la bonté d'accepter mon bras, et je vais vous conduire où sont vos enfants. Vous deviez changer de demeure de toute manière.

LA MARÉCHALE.

Et je vous tiendrai parole. Allons! mon carrosse est-il en bas?

Brusquement.

Je n'ai pas besoin de votre bras, monsieur.

LUYNES.

Demandez les pages et les gens de madame; et

qu'on appelle les deux docteurs en Sorbonne pour l'escorter.

A Déageant.

Il y a peu d'hommes comme elle.

Elle sort.

SCÈNE XIV

LUYNES, DÉAGEANT.

LUYNES, *tirant violemment Déageant par le bras, aussitôt que la maréchale est hors de sa chambre.*
Ici, président.

DÉAGEANT, *troublé.*
Monsieur, où la faites-vous conduire ?

LUYNES, *avec fureur.*
Sur la place du Châtelet, l'Italienne ! Au bûcher, l'insolente ! au bûcher ! Je voudrais déjà m'y chauffer les mains.

DÉAGEANT.
Quelles rues prendra le carrosse ?

LUYNES, *vivement, et avec l'explosion d'une rage
longtemps contenue.*

On passera...— Écoutez bien ceci, président, parce
que c'est ma volonté. — On tournera par la rue de
la Ferronnerie... Pas de réflexions, je le veux... Par
l'étroite rue de la Ferronnerie... C'est là que sont logés ses enfants; c'est là que s'était blottie toute cette
venimeuse couvée de serpents italiens que j'écrase
enfin du pied. J'ordonne que l'escorte et la voiture
s'y arrêtent... Pas un mot, je vous prie... Et qu'elle
mette là pied à terre. C'est l'ordre du roi, monsieur.

Impérieusement.

Eh bien, que voulez-vous me dire ? Voyons.

Il le regarde en face.

Qu'elle peut rencontrer Concini, et Vitry, et nos
mousquetaires, et la bataille. Eh bien, que voulez-
vous que j'y fasse ? Si c'est sa destinée, je n'y peux
rien, moi. Elle est sorcière, elle devait le prévoir. Et
puis, après tout, quand elle marcherait un peu dans
le sang... Bah ! le feu purifie tout.

*Ils sortent vite, Luynes traînant Déageant, qui
le suit frappé d'effroi.*

ACTE CINQUIÈME

La rue de la Ferronnerie. — La borne sur laquelle fut assassiné Henri IV est au coin de la maison du juif. — Nuit profonde. — Des gentilshommes et des gens du maréchal d'Ancre se promènent de long en large. — Un domestique est couché sur un banc de pierre, l'autre est debout appuyé sur une borne. Ce sont les mêmes qu'on a vus venir chez le juif au second acte.

SCÈNE PREMIÈRE

M. DE THIENNES et QUATRE AUTRES GENTILSHOMMES de Concini, DOMESTIQUES ITALIENS.

PREMIER DOMESTIQUE.

Depuis ce matin à onze heures, monseigneur le maréchal est chez ce juif, et il est bientôt minuit.

DEUXIÈME DOMESTIQUE.

On dit que cela ne va pas bien chez nous pendant ce temps-là.

DE THIENNES.

Malgré ses ordres, il faudra pourtant entrer chez Samuel pour avertir monsieur le marquis d'Ancre ! A quelle heure ce passant vous a-t-il dit que la maréchale avait été arrêtée ?

DEUXIÈME DOMESTIQUE.

A quatre heures de l'après-diner environ.

DE THIENNES.

Voici un jour plus désastreux pour elle que ne le fut hier pour le prince de Condé ce vendredi qu'elle craignait tant. Et le ciel est aussi noir qu'il était beau il y a deux heures. Tirez vos épées, réunissez-vous en cercle auprès de la porte : voici des hommes qui marchent à pas de loup... Ce sont peut-être des gens du roi. Qui vive ?

SCÈNE II

Les Mêmes, FIESQUE, MONGLAT, CRÉQUI, *l'épée et le poignard en main.*

FIESQUE, *le bras enveloppé d'une écharpe.*

Concino.

DE THIENNES.

Concini ! Approchez.

Portant au visage de Fiesque une lanterne sourde.

Ah ! c'est vous, monsieur de Fiesque... C'est une nuit à ne pas se laisser aborder.

FIESQUE.

Vous faites, pardieu ! bien : j'ai été abordé, moi, et j'ai laissé une main à l'abordage. Tout est perdu. — Sauve qui peut !

LES QUATRE GENTILSHOMMES.

Qu'y a-t-il ? — Quoi donc ? — Qu'arrive-t-il, cette nuit ?

FIESQUE.

Nuit sombre s'il en fut jamais ! La reine est arrêtée.

DE THIENNES.

La reine mère !

FIESQUE.

Par Luynes et sur l'ordre du roi.

LE PREMIER DES GENTILSHOMMES DE CONCINI.

Et la maréchale ?

FIESQUE.

A la Bastille, jugée et condamnée au feu en une heure, selon les *us* du Parlement.

TROISIÈME GENTILHOMME.

Est-il possible ? Et sur quel crime ?

FIESQUE.

Ils ont appelé cela la magie, pour ne compromettre personne de trop élevé. Gardez-vous bien : les troupes du roi rôdent par toutes les rues. J'ai été blessé sur la porte de l'hôtel d'Ancre, où ils ont mis le feu.

QUATRIÈME GENTILHOMME.

Le feu ! C'était ce que nous voyions au commencement de la nuit.

FIESQUE.

Monglat et moi, nous quittons Paris : je vous conseille à tous d'en faire autant. Que faites-vous ici ?

TROISIÈME GENTILHOMME.

Ma foi ! à dire vrai, nous gardons les manteaux.

MONGLAT.

Vous ferez mieux de vous en envelopper pour vous cacher.

CRÉQUI.

Allons, Fiesque, voilà tes gens qui amènent trois chevaux. Haut le pied ! Partons !

DE THIENNES.

Et le maréchal, vous l'abandonnez ? Que savez-vous s'il n'est pas dans Paris, quelque part ?

FIESQUE.

Monsieur, nous avons servi la maréchale jusqu'au dernier moment; mais, moi qui ne reçois pas les mille francs de Concini, je ne lui dois rien et je suis bien son serviteur.

MONGLAT.

S'il est quelque part, ce n'est pas en bon lieu, et nous ne l'y chercherons pas. C'est un insolent, un parvenu. Adieu.

FIESQUE.

C'est un spoliateur. Adieu.

CRÉQUI.

C'est un avare. Adieu.

DE THIENNES.

Ma foi! moi, j'ai vécu de son pain dans sa maison. Je reste à Paris.

SCÈNE III

Les Mêmes; D'ANVILLE, FIESQUE, CRÉQUI et MONGLAT *s'arrêtent.*

FIESQUE.

C'est d'Anville! Il est blessé.

ACTE V, SCÈNE III.

D'ANVILLE.

Ils ont tué mon cheval et m'ont jeté à terre. Je viens vous annoncer une triste nouvelle.

FIESQUE.

Si tu en trouves de plus sombres que celles que nous savons, c'est toi que nous croirons magicien.

D'ANVILLE.

La pauvre maréchale va passer par ici dans quelques heures pour aller au bûcher! Je le tiens d'un conseiller au Parlement.

FIESQUE.

Dans quelques heures! Ils vont vite. Ça, messieurs, si nous l'enlevions? Restons.

MONGLAT.

Tope!

CRÉQUI.

J'en suis.

D'ANVILLE.

Ma foi! c'est dit.

LES GENTILSHOMMES ITALIENS.

Ah! voilà qui est parler!

PREMIER GENTILHOMME, *à part*.

Si ce n'était la crainte de les décourager, j'entrerais avertir le maréchal.

DEUXIÈME GENTILHOMME.

N'en faites rien, ils s'en iraient tous.

SCÈNE IV

LES MÊMES, PICARD, *suivi de* BOURGEOIS *et d'*OUVRIERS *tenant des lanternes et des piques.*

PREMIER GENTILHOMME.

Qui vive ?

PICARD.

Garde-bourgeoise !

Il s'approche tenant une lanterne et un portefeuille. — A M. de Thiennes. Il salue.

Ah ! monsieur de Thiennes, je vous reconnais. Vous êtes à monsieur le maréchal d'Ancre, et je m'adresse à vous pour cela.

DE THIENNES.

Qu'avez-vous affaire à lui ?

PICARD.

Je vous prie de lui rendre ce portefeuille qu'il a laissé tomber. Voici ce qu'il contient. Tenez. — Des bons sur tous les marchands de l'Europe. Tenez. Cent mille livres sur Benedetto de Florence. Cent mille livres sur le sieur Feydeau. Six, sept, huit, dix-neuf cent mille livres. — Et il sortait avec cela sur lui, dans sa poche! — Comme ça! — Comme on y jette un doublon. Dix-neuf cent mille livres!— J'aurais travaillé dix-neuf cents ans avant de les gagner. Et il en a peut-être neuf fois autant, s'il a pris seulement la fortune de tous ceux qu'il a fait pendre. — Toutefois, voici le portefeuille. Si vous savez où est Concini, vous lui rendrez ça.

DE THIENNES.

Je lui dirai votre nom, Picard. Brave homme, vraiment! brave homme.

PICARD.

Je n'ai que faire qu'on le sache, monsieur de Thiennes; bien sûr que je n'en ai que faire. — J'ai pris la pique à regret, parce que je sens bien que l'on n'y peut attacher un de vos drapeaux sans s'en repentir, et qu'après tout c'est toujours au cœur de la France qu'on en pousse le fer. Qu'ai-je gagné à tout ceci, moi? — Les gens de guerre sont logés dans ma maison, au Châtelet, où l'on va brûler la pauvre Galigaï. — Ma fille se meurt de l'effroi de cette nuit, et mon fils aîné a été tué dans la rue. — J'en ai assez, et mes bons voisins aussi. Allez! la vieille ville de Paris est bien mécontente de vos querelles : nous n'y mettrons plus la main, s'il nous est loisible, que pour vous faire taire tous. — Adieu, messieurs, adieu.

Il sort, suivi des bourgeois et des ouvriers.

SCÈNE V

Les Mêmes, hors PICARD et sa troupe

FIESQUE.

Tout cela va mal ; mais, ma foi ! tâchons d'enlever le carrosse de la maréchale, et nous galoperons avec elle sur la grande route de Sedan. Le vin est tiré : il faut...

SCÈNE VI.

Les Mêmes, VITRY, D'ORNANO, PERSAN, DU HALLIER, BARONVILLE, et autres gentilshommes et Mousquetaires du roi.

Chaque mousquetaire applique le pistolet sur la poitrine des gens de Concini, qui n'ont pas le temps de tirer l'épée.

VITRY, *saisissant Fiesque et lui mettant le pistolet sur la joue.*

... Le boire. Mais à la santé du roi, monsieur. Pas un cri, ou vous êtes morts. Nous sommes trois cents et vous êtes dix.

FIESQUE, *après avoir examiné la troupe des mousquetaires.*

Il n'y a rien à dire à cela. Il ne faut que compter, au fait.

On les emmène sans résistance.

VITRY.

Entourez cette maison. Concini est encore chez le juif. Il n'a pas osé sortir. Attendons-le, messieurs, et cachez vos hommes dans les boutiques et les rues voisines. Je vous appellerai. Sortons vite. En embuscade. J'entends remuer à la porte de Samuel.

SCÈNE VII

CONCINI, *seul. Il ouvre la porte avec précaution, et tâte dans l'obscurité.*

Coulanges, Benedetto! Borgelli!... Personne. C'est étrange! Voilà comme mes lâches à mille francs par an servent leur maître ! — Attendons-les. J'ai cru que je ne sortirais jamais des chicanes de ce maudit juif. Il a pesé, je crois, chacun de mes mille ducats, et me faisait un procès à chacun. Ah ! sans l'incognito, je l'aurais étrillé de bonne sorte !... Borgelli !... Comment ne m'ont-ils pas attendu !

SCÈNE VIII

CONCINI, PEUPLE.

Un parti de vingt hommes sort de la rue de la Ferronnerie en criant.

Mort à Concini ! Avertissez Borgia ! Mort aux basanés !

SCÈNE IX

CONCINI, *seul*.

Encore Borgia ! Où suis-je ? Ai-je entendu cela ? S'ils osent jeter ces cris dans Paris, ne dois-je pas croire qu'ils sont aussi forts que moi? Quoi! mes gentilshommes ne les ont pas combattus? Quoi! ces voix sinistres se prolongent sans obstacle le long des rues, sans qu'une voix contraire s'élève!

SCÈNE X

PICARD, Peuple.

Un parti traverse l'extrémité de la rue Saint-Honoré, en criant.

Vive monsieur de Luynes! vive le roi! vive monsieur le Prince! Mort aux Toscans! aux Florentins! Vive Borgia! vive Picard! vive Borgia! Concini n'est pas dans la rue de la Ferronnerie. — Au Châtelet! — Au Châtelet!

SCÈNE XI

CONCINI, seul.

Je n'entends plus rien! Encore si l'on se battait! Mais non! les cris s'éloignent; ils s'éteignent par degrés! — Tout se tait, tout est calme, calme comme si j'étais mort, ou comme s'il ne restait plus qu'à me trouver et à me tuer. Est-ce donc un rêve? — Et qui me cherche? N'ai-je pas hier écrasé les mécontents? C'est quelque troupe de leurs partisans. Mais qui les mène? Ce Borgia! Ah! pourquoi est-il encore au monde? Lui, aventureux, imprudent, brave jusqu'à la folie? Qu'il soit encore vivant, et qu'il vive pour me heurter partout! Ah! j'ai du malheur! Mais je suis encore le maréchal d'Ancre! Riche et puissant? Non, je me sens renversé et jugé. Je me sens étranger, toujours étranger, parvenu étranger. Je sens comme une condamnation invisible qui pèse sur ma tête. Comment sortir de ces rues où jamais je ne vins seul? Si je rentre là, le juif me livrera; si je passe dans les rues, je serai arrêté. Ce banc de pierre peut me cacher. Cette borne est assez haute.

Il l'examine et recule avec effroi.

Ah! cette borne est celle de Ravaillac. Oui, je la reconnais dans l'ombre. Ce fut là qu'il posa le pied. Elle est de niveau avec la ceinture d'un homme, le cœur d'un roi. C'est donc sur cette pierre que j'ai bâti ma fortune, et c'est peut-être sur elle qu'elle va s'écrouler. — N'importe! si je n'avais pas fait cela, je n'étais rien, en passant sur la terre, et j'ai été quelque chose, et l'avenir saura mon nom. Par la mort d'un roi, j'ai fait une reine, et cette reine m'a couronné. — Ravaillac, tu as été discret au jugement, c'est bien; sur la roue, c'est beau. — Il a dû monter là. Un pied sur la borne, l'autre dans le carrosse...

Ici Borgia arrive, portant un des deux enfants de Concini, et conduisant l'autre.

Non, sur ce banc... La main sur le poignard... Ainsi...

SCÈNE XII

CONCINI, BORGIA, Les deux Enfants.

BORGIA.

Pauvres enfants, entrez chez moi : vous serez en sûreté plus que dans ces deux maisons où l'on nous a poursuivis.

LE COMTE DE LA PÈNE.

Ah ! monsieur, il y a là un homme debout.

BORGIA, *dirigeant la lanterne que tient l'enfant sur la figure de Concini.*

Concini !

CONCINI.

Borgia !

Chacun d'eux lève son poignard, et chacun d'eux saisit du bras gauche le bras droit de son ennemi. Ils demeurent immobiles à se contempler. Les deux enfants se sauvent dans les rues et disparaissent.

BORGIA.

Éternel ennemi, je t'ai manqué !

CONCINI.

Laisse libre mon bras droit, et je quitterai le tien.

BORGIA.

Et qui me répondra de toi ?

CONCINI.

Ces enfants que tu m'enlèves.

BORGIA.

Je les sauve. Ton palais brûle. Ta femme est arrêtée. Ta fortune est renversée, insensé parvenu !

CONCINI.

Oh ! lâche-moi, et battons-nous.

BORGIA, *le poussant.*

Recule donc, et tire ton épée.

CONCINI *tire l'épée.*

Commençons.

BORGIA.

Éloigne tes enfants, qui nous troubleraient.

CONCINI.

Ils se sont enfuis.

BORGIA.

On n'y voit plus... Prends ces lettres, assassin... J'ai promis de te les rendre.

Il donne à Concini le portefeuille noir, sous les épées croisées.

CONCINI.

Je les aurais prises sur ton corps.

BORGIA.

J'ai rempli ma promesse. En garde à présent, ravisseur !

CONCINI.

Lâche séducteur, défends-toi !

BORGIA.

La nuit est noire... mais je sens à ma haine que c'est toi. Affermis ton pied contre le mur, tu ne reculeras pas.

CONCINI.

Je voudrais sceller le tien dans le pavé pour être sûr de toi.

BORGIA.

Convenons que le premier blessé avertira l'autre.

CONCINI.

Oui, car on ne verrait pas le sang... Je te le jure par la soif que j'ai du tien. Mais que ce ne soit pas pour faire cesser l'affaire.

BORGIA.

Non, mais pour nous remettre en état de continuer.

CONCINI.

De continuer jusqu'à ne plus pouvoir lever l'épée.

BORGIA.

Jusqu'à la mort de l'un des deux.

CONCINI.

Es-tu en face de moi ?

BORGIA.

Oui. Pare ce coup, misérable.

Il porte une botte.

Es-tu blessé ?

CONCINI.

Non. A toi cette botte.

BORGIA.

Tu ne m'as pas touché.

CONCINI.

Quoi ! pas encore ? Ah ! si je pouvais voir ton visage détesté !

Ils continuent avec acharnement sans se toucher : tous deux se reposent en même temps.

BORGIA.

As-tu donc mis une cuirasse, Concini ?

CONCINI.

J'en avais une, mais je l'ai oubliée chez ta femme, dans sa chambre.

BORGIA.

Tu mens!

Il le charge de son épée, tous deux s'enferrent et se blessent en même temps.

CONCINI.

Je ne sens plus le fer. T'ai-je blessé?

BORGIA, *s'appuyant sur son épée et serrant sa poitrine d'un mouchoir.*

Non. — Recommençons. — Eh bien?

CONCINI, *serrant sa cuisse d'un mouchoir.*

Attendez, monsieur, je suis à vous.
Il tombe sur la borne.

BORGIA, *tombe à genoux.*

N'êtes-vous pas blessé vous-même?

CONCINI.

Non, non, mais je me repose. Avancez-vous, et nous verrons.

BORGIA, *essayant de se lever et ne pouvant se soutenir.*

Je me suis heurté le pied contre une pierre. Attendez.

CONCINI.

Ah ! vous êtes blessé !

BORGIA.

Non, te dis-je ! non. C'est toi-même qui l'es. Ta voix est altérée.

CONCINI, *sentant son épée, et avec joie.*

Ma lame a une odeur de sang.

BORGIA, *tâtant son épée, et avec triomphe.*

La mienne est mouillée.

CONCINI.

Va, si tu n'étais pas frappé, tu serais déjà venu m'achever.

BORGIA, *avec joie.*

Achever ? — Tu es donc blessé ?

CONCINI.

Eh ! sans cela, n'irais-je pas te traverser le corps vingt fois ? D'ailleurs, tu l'es autant que moi pour le moins.

BORGIA.

Il faut que cela soit, car je ne resterais pas à cette place.

CONCINI, *avec désespoir.*

N'en finirons-nous jamais ?

BORGIA, *avec rage.*

Tous deux blessés, et vivants tous deux !

CONCINI.

Que me sert ton sang, s'il en reste !

BORGIA.

Si je pouvais aller à toi !

SCÈNE XIII

Les Mêmes, VITRY, *suivi de* Gardes *qui marchent doucement. Il tient le jeune* COMTE DE LA PÈNE *par la main; l'enfant tient sa* Sœur.

VITRY, *le pistolet à la main.*

Eh bien, mon bel enfant, lequel est votre père

LE COMTE DE LA PÈNE.

Défendez-le, monsieur ! c'est celui qui est appuyé sur la borne.

VITRY, *haut.*

Rangez-vous et restez dans cette porte.—A moi, la maison du roi !

Les gardes viennent avec des lanternes et des flambeaux.

Je vous arrête, monsieur ; votre épée.

CONCINI, *le frappant.*

La voici.

Vitry lui tire un coup de pistolet; du Hallier, d'Ornano et Persa tirent chacun le leur; Concini tombe.

CONCINI, *tombant, à Borgia avec un rire amer.*

Assassin ! ils t'ont aidé.

Il meurt sur la borne.

BORGIA.

Non, ils m'ont volé ta mort.

Il expire.

VITRY, *gaiement.*

Morts ! tous deux ! Voilà une affaire menée assez vertement !

SCÈNE XIV

LES MÊMES, PICARD et ses COMPAGNONS.

VITRY, à *Picard*.

On n'a pas besoin de vous!

PICARD, *s'écartant, suivi de ses compagnons.*
Pauvre Concini! Je le plains, à présent.

SCÈNE XV

LES MÊMES, UN OFFICIER.

L'OFFICIER.

Monsieur de Luynes avec une escorte.

VITRY.

Arrêtez-le. Qu'on ne vienne pas nous déranger, corbleu! nous sommes en affaires.

L'OFFICIER.

Ma foi! le voici.

SCÈNE XVI

LES MÊMES, LUYNES, *puis* LA MARÉCHALE.*

LUYNES.

Bonjour, *maréchal de Vitry !*
On entend rouler un carrosse.

VITRY.

Merci ! c'est bon ! cela se peut ! Mais vous gâtez tout ; voyez.

* Au milieu d'un fatras d'injures grossières, que je n'oserais réimprimer par pudeur, et dont on accabla le vaincu après sa mort ; entre un libelle intitulé : *Dialogue entre la Galigaya et Misoquin, esprit follet qui lui amène son mari*, et la *Complainte du gibet de Montfaucon*, et le *Séjan français*, et mille autres cris d'une haine que la mort de Concini, que son corps déterré, pendu, déchiré, que son cœur arraché, rôti, vendu et mangé, n'avaient pu assouvir, j'ai trouvé, avec attendrissement, un soupir de pitié que quelque âme honnête de ce temps osa exhaler. — C'est un petit livre de six pages, caché au milieu de toutes ces impuretés comme une petite fleur dans un marécage. Il s'appelle *Soupirs et regrets du fils du marquis d'Ancre sur la mort de son père et l'exécution de sa mère*. Là, plus de sanglante ironie, ce sont des larmes, rien que des larmes, et les larmes d'un pauvre enfant qui s'écrie : « O Florence ! tu devois bien plustôt retenir ce mien père, que de l'envoyer à la France, pour, après tant d'honneurs, être la curée de la fureur d'un peuple. — O mère, âme, principe de ma vie, falloit-il que vos cendres fussent ainsi

LUYNES, *à la maréchale.*

Ah! bon Dieu! madame, il faudrait retourner. Otez les flambeaux. Il n'y a personne ici.

LA MARÉCHALE.

Personne, dites-vous? personne, monsieur? et voilà mes deux enfants! Ah! venez tous deux. Les voilà! eux, ce sont eux. — Avec qui êtes-vous? Qui a soin de vous? Ils ont pâli tous deux.

Elle se met à genoux à les considérer.

Et savez-vous bien qu'on a mis en prison votre pauvre mère? Mais savez-vous bien cela? Elle a beaucoup pleuré, allez! Elle a eu bien du chagrin. — Embrassez-moi de vos deux bras. — Bien du cha-

dissipées? O estrange mémoire! — N'entendrois-je point quelque cri de compassion?... O mère! de moi seul chérie, deviez-vous m'allaicter du laict de tant de grandeurs? De qui tirerois-je secours?... » Et plus loin : « Je recours à vous, Dieu immortel, et par votre grâce trouverai celle du roy... » Et pour fléchir ce roi : « C'est une grande gloire que de pardonner à ses ennemis, et si Cæsar n'eût pardonné aux vaincus, à qui eût-il commandé? » Et puis il se rappelle ce bon Fiesque, et parle de lui aux cendres de sa mère : « Et vous, ô maternelles cendres! pourrez-vous vous souvenir des derniers mots que vous dit un notable seigneur lors de votre sortie du Louvre pour être conduicte en la Bastille? Vous lui donnastes ces dernières paroles : FIASQUE, FIASQUE, NON BISOGNA PARLAR DEL PASSATO. Ainsi, finit l'enfant, quelquefois se trouve le secours d'où il n'est espéré. »

Fiesque se souvint de ce passé dont elle ne voulait parler : il soutint, il secourut le petit comte de la Pène durant une prison de cinq ans, à laquelle on condamna ce pauvre orphelin, et l'aida à rassembler, à Florence, les débris de l'immense grin de ne pas vous voir. M'aimez-vous toujours? — Je vous laisserai à monsieur Fiesque, vous savez? ce bon gentilhomme qui vous porte sur ses genoux. Embrassez-moi donc bien. — Vous l'aimerez beaucoup, n'est-ce pas? Si votre père ne revient pas, je vous prie de dire à monsieur de Borgia qu'après lui je vous laisse à Fiesque, un homme de bien s'il en fut. — Car, savez-vous, je vous quitte. — Oh! embrassez-moi bien. — Encore. — Comme cela. — Je vous quitte pour bien longtemps, bien longtemps! — Ne pleurez pas. — Et moi qui dis cela, je pleure moi-même comme un enfant. — Allons, allons! eh bien, qu'est-ce que nous avons? — Mais vous ne me

fortune de son père. C'est ce qui m'a fait aimer le caractère de Fiesque, et le tracer ainsi à demi amoureux de la marquise d'Ancre et tout à fait son ami.

Mais cette prière, qui l'a pu écrire? Point de nom d'auteur; le pauvre homme eût été *pistolelé*, comme on disait. Je m'imagine que ce fut quelque bon vieil abbé, précepteur de l'enfant et domestique du père. — Grâces soient rendues au moins à l'honnête « Abraham Saugrain! en sa boutique, rue Sainct-Jacques, au-dessus de Sainct-Benoist. » Brave juif! tu osas imprimer, en 1617, la petite prière dont je me trouve si heureux en l'an 1831!

Le jour même du jugement de la maréchale d'Ancre, la jeune reine (Anne d'Autriche) envoya des confitures au petit comte de la Pène, et le fit venir dans ses appartements. Chemin faisant, des soldats lui volèrent son chapeau et son manteau; le pauvre enfant arriva tout humilié, le cœur gros, et refusa de la manger. La petite reine, comme on la nommait, avait ouï dire qu'il dansait bien : il fallut qu'il dansât devant elle à l'instant. Il obéit, et, en dansant, fondit en larmes. Ce fut un vrai martyre.

Il mourut de la peste, à Florence, en 1631.

répondez pas, mon fils? — Que vous avez l'air effrayé!
Qui écouterez-vous, monsieur, si ce n'est votre pauvre mère? enfant! ta pauvre bonne mère, qui va mourir! Sais-tu.

LE COMTE DE LA PÈNE, *montrant les corps.*

Regardez! regardez! Là et là.

LA MARÉCHALE.

Où, mon enfant? Je ne vois rien.

LE COMTE DE LA PÈNE.

Je les ai vus se battre, là! là! Venez.

Il la tire par la main.

LA MARÉCHALE.

Pas si vite! — Arrête, enfant. — J'en devine plus que tu ne m'en diras.

Elle s'arrête la main sur son cœur.

Dieu! — Le maréchal... Concini... Le maréchal d'Ancre!

LUYNES, *avec une douleur affectée et une profonde révérence.*

Nous avons tout fait pour éviter ces grands malheurs, madame; mais c'est une rencontre...

LA MARÉCHALE, *avec explosion.*

Vous m'aviez ménagé ce spectacle, lâche ennemi d'une femme, qui n'avez jamais regardé en face cet homme hardi ! — Que vous paye-t-on sa tête et la mienne ? Vous m'avez amenée (et c'est bien digne de vous), vous m'avez amenée pour me briser le cœur avant de le jeter au feu; et cela, pour vous venger de ma hauteur et de votre bassesse. — Quoi donc ! il me fallait voir, voir tout cela ! Vous l'avez voulu ? Eh bien !... examinez si j'en mourrai tout de suite ! — Regardez bien. — Je vais souffrir la mort autant de fois qu'il le faudra. — Vous êtes un excellent bourreau, monsieur de Luynes ! — Mais ne me perdez pas de vue ! ne perdez pas une de vos joies ! — Par exemple, tout pourra me tuer, mais rien ne me surprendra venant de vous !

A un garde.

Le flambeau, donnez-le moi. — Ne me cachez rien. — On m'a amenée pour tout voir. — Borgia ! ô Dieu ! Toi, Borgia ! toi aussi.

Elle prend sa main et la laisse retomber avec un sentiment triste et jaloux.

Sa femme le pleurera. — Moi, je veux mourir !
A un garde.

Soutenez-moi, je vous prie.

Elle s'appuie sur son épaule. — A son fils. Elle le prend par la main, le conduit sur le devant de la scène, le presse dans ses bras, et, le baisant au front.

Venez ici. — Regardez bien cet homme, derrière nous, celui qui est seul !

L'enfant veut se retourner, elle le retient.

Non ! non ! — Ne tournez que la tête, doucement, et tâchez qu'on ne vous remarque pas. — Vous l'avez vu ?

L'enfant fait signe que oui, en attachant ses yeux sur ceux de sa mère.

Cet homme s'appelle de Luynes. — Vous me suivrez au bûcher tout à l'heure, et vous vous souviendrez toujours de ce que vous aurez vu, pour nous venger tous sur lui seul. — Allons ! dites : « Oui, » fermement ! sur le corps de votre père !

Elle s'approche du corps, qui est à demi appuyé sur la borne, et porte la main de son fils sur la tête de Concini.

Touchez-le, et dites : « Oui ! »

LE COMTE DE LA PÈNE, *étendant la main et d'une voix résolue.*

Oui, madame.

LA MARÉCHALE.

Plus bas.

Et, comme j'aurai fini par un mensonge, vous prierez pour moi.

A haute voix.

Je me confesse criminelle de lèse-majesté divine et humaine, et coupable de magie.

LUYNES, *avec un triomphe féroce et bas.*

Brûlée !

Il fait défiler la Maréchale, suivie de ses deux enfants; elle passe, en détournant les yeux, devant le corps de Concini, étendu à droite de la scène, sur la borne de Ravaillac.

SCÈNE XVII

VITRY, PICARD, Gentilshommes, Peuple.

VITRY, *se découvrant, et parlant aux gentilshommes et mousquetaires.*

Messieurs, allons faire notre cour à Sa Majesté le roi Louis treizième.

Il part avec les gentilshommes.

SCÈNE XVIII

PICARD, Peuple.

PICARD, *aux ouvriers qui se regardent et restent autour du corps de Borgia.*

Et nous ?

NOTES

SUR LE TEMPS ET L'ACTION

PREMIER ACTE.

Le drame se passe tout entier en deux jours. — Le vendredi, la maréchale fait arrêter le prince de Condé, au Louvre, à *trois heures*.

DEUXIÈME ACTE.

Chez le juif Samuel; le samedi. — Concini va chez le juif à *onze heures* du matin. Borgia va chez la maréchale en même temps, et se retire sans lui parler. Il rentre chez le juif et y trouve un rendez-vous pour *quatre heures* chez la maréchale. — Isabella en donne un à Concini pour le soir à *dix heures*.

TROISIÈME ACTE.

Le samedi, à *quatre heures*, Borgia est chez la maréchale. — Le peuple attaque le palais et y met le feu.

QUATRIÈME ACTE.

Le samedi, à *dix heures* du soir, Concini et Isabella en tête-à-tête. On voit de loin brûler le palais de Concini. — 2ᵉ partie. — A minuit, la maréchale est à la Bastille. Luynes la fait sortir à *une heure* après minuit pour passer dans la rue de la Ferronnerie.

CINQUIÈME ACTE.

Le samedi, à *trois heures* après minuit, Concini sort de la maison; Borgia y entre. La maréchale arrive. Déageant et Luynes l'ont amenée; Vitry a cerné Concini.

QUITTE
POUR LA PEUR

COMÉDIE

REPRÉSENTÉE POUR LA PREMIÈRE FOIS, A PARIS,
A L'OPÉRA

Le 30 mai 1833

ARGUMENT

LORSQUE cette petite comédie fut composée et représentée en 1833, les esprits sérieux et élevés virent sur-le-champ qu'une question bien grave était renfermée sous cette forme légère.

— A-t-il le droit d'être un juge implacable, a-t-il le droit de vie et de mort, l'homme qui lui-même est attaché par une chaîne étrangère et qui a méconnu ou brisé la chaîne légitime ?

Il fallait, pour avoir un exemple complet, le puiser dans une époque où régnaient à la fois le rigorisme du point d'honneur et la légèreté des mœurs. Car, si l'un ordonne la vengeance, l'autre en enlève le droit à l'offensé, qui ne se sent plus assez irréprochable pour condamner.

Afin de compenser ce qui pouvait, au premier abord, sembler immodeste dans la situation et dans le langage, l'auteur n'a laissé voir ni l'amant de la jeune femme, ni la maîtresse du jeune mari.

Le mariage, seul avec lui-même, se retourne et se débat dans ses propres nœuds, et non sans douleur, malgré le sourire apparent du visage et du discours.

Il fallait choisir, pour l'offensé, entre quelque cruauté grossière et basse ou un pardon dédaigneux.

L'auteur a conclu pour une miséricorde qui ne manque peut-être pas de dignité.

QUITTE POUR LA PEUR

PERSONNAGES

ET DISTRIBUTION DES ROLES

TELLE QU'ELLE A EU LIEU A L'OPÉRA

Le 30 mai 1833

LE DUC DE ***, très jeune encore, très brillant. Duc et pair, ambassadeur de Louis XVI, cordon bleu. . . . M. BOCAGE.

LA DUCHESSE DE ***, sa femme, naïve, enfantine, gracieuse, vive . . . Mme DORVAL.

M. TRONCHIN, médecin, vieux et moqueur . . . . M. PROVOST.

ROSETTE, femme de chambre de la duchesse. . . . . Mlle DUFONT.

UN LAQUAIS.

QUITTE POUR LA PEUR

SCÈNE PREMIÈRE

A Paris, dans une chambre à coucher somptueuse du temps de Louis XVI. Des portraits de famille très grands ornent les murs. — Il est midi.

LA DUCHESSE, ROSETTE.

LA DUCHESSE, *achevant de se parer pour le jour, se regardant à sa toilette et posant une mouche.*

Mais, Rosette, conçoit-on la négligence de ces médecins ?

ROSETTE.

Ah ! madame, cela n'a pas de nom.

LA DUCHESSE.

Moi qui suis si souffrante !

ROSETTE.

Madame la duchesse qui est si souffrante !

LA DUCHESSE.

Moi qui n'ai jamais consenti à prendre d'autre médecin que ce bon vieux Tronchin ! Le chevalier m'en a voulu longtemps.

ROSETTE.

Pendant plus d'une heure.

LA DUCHESSE, *vivement*.

C'est-à-dire qu'il a voulu m'en vouloir, mais qu'il n'a pas pu.

ROSETTE.

Il vient d'envoyer deux bouquets par son coureur.

LA DUCHESSE.

Et il n'est pas venu lui-même ? Ah ! c'est joli ! Moi, je vais sortir à cheval.

ROSETTE.

Monsieur Tronchin a défendu le cheval à madame.

LA DUCHESSE.

Mais je suis malade, j'en ai besoin.

ROSETTE.

C'est parce que madame la duchesse est malade, qu'il ne le faut pas.

LA DUCHESSE.

Alors, je vais écrire au chevalier pour le gronder.

ROSETTE.

Monsieur Tronchin a défendu à madame de s'appliquer et de tenir sa tête baissée.

LA DUCHESSE.

Eh bien, je vais chanter; ouvrez le clavecin, mademoiselle.

ROSETTE.

Mon Dieu! comment dirai-je à madame que monsieur Tronchin lui a défendu de chanter?

LA DUCHESSE, *tapant du pied*.

Il faut donc que je me recouche, puisque je ne puis rien faire. — Je vais lire. Non, fais-moi la lecture. — Je vais me coucher sur le sofa; la tête me tourne, et j'étouffe. Je ne sais pourquoi...

ROSETTE, *prenant un livre*.

Voici *Estelle* de monsieur de Florian, et les *Oraisons célèbres* de monsieur de Bossuet.

LA DUCHESSE.

Lis ce que tu voudras, va.

ROSETTE *lit*.

« Némorin, à chaque aurore, allait cueillir les

bleuets qu'Estelle... les bleuets qu'Estelle aimait à mêler dans les longues tresses de ses cheveux noirs. »

Elle pose le livre.

LA DUCHESSE.

Qu'il est capricieux, le chevalier ! Il ne veut plus que je mette de corps en fer, comme si l'on pouvait sortir sans cela. Lis toujours, va.

ROSETTE, *continue, et, après avoir quitté Florian, prend Bossuet sans s'en douter.*

« Pour moi, s'il m'est permis après tous les autres de venir rendre les derniers devoirs à ce tombeau, ô prince, le digne sujet de nos louanges et de nos regrets, vous vivrez éternellement dans ma mémoire. »

LA DUCHESSE.

Je ne conçois pas qu'il ne soit pas encore arrivé. Comme il était bien hier, avec ses épaulettes de diamants !

ROSETTE *continue.*

« Heureux si, averti par ces cheveux blancs du compte que je dois rendre de mon administration, je réserve au troupeau... (Tiens c'est drôle ça : au troupeau !) troupeau que je dois nourrir de la parole divine, les restes d'une voix qui tombe, et... »

LA DUCHESSE.

Le voilà commandeur de Malte, à présent. Sans ses vœux il serait peut-être marié, cependant.

ROSETTE.

Oh! madame! par exemple!...

LA DUCHESSE.

Lis toujours, va, je t'entends.

ROSETTE *continue*.

« Et d'une ardeur qui s'éteint... » Ah! les bergers et les troupeaux, ce n'est pas bien amusant...

Elle jette les livres.

LA DUCHESSE.

Crois-tu qu'il se fût marié? — Dis.

ROSETTE.

Jamais sans la permission de madame la duchesse.

LA DUCHESSE.

S'il n'avait pas dû être plus marié que monsieur le duc, j'aurais bien pu la lui donner... Hélas! dans quel temps vivons-nous! — Comprends-tu bien qu'un homme soit mon mari, et ne vienne pas chez moi? M'expliquerais-tu bien ce que c'est précisément qu'un maître inconnu qu'il me faut respecter, craindre et aimer comme Dieu, sans le voir, qui ne se soucie de moi nullement, et qu'il faut que j'honore; dont il faut que je me cache, et qui ne daigne pas m'épier; qui me donne seulement son nom à porter de bien loin, comme on le donne à une terre abandonnée?

ROSETTE.

Madame, j'ai un frère qui est fermier, un gros fermier en Normandie, et il répète toujours que lorsqu'on ne cultive pas une terre, on ne doit avoir de droit ni sur ses fleurs ni sur ses fruits.

LA DUCHESSE, *avec orgueil*.

Qu'est-ce que vous dites donc, mademoiselle? Cherchez ma montre dans mon écrin.

Après avoir rêvé un peu.

Tiens, ce que tu dis là n'a pas l'air d'avoir de sens commun. Mais je crois que cela mènerait loin en politique, si l'on voulait y réfléchir. Donne-moi un flacon, je me sens faible.

Ah! quand j'étais au couvent, il y a deux ans, si mes bonnes religieuses m'avaient dit comment on est marié, j'aurais commencé par pleurer de tout mon cœur, toute une nuit; ensuite j'aurais bien pris une grande résolution ou de me faire abbesse ou d'épouser un homme qui m'eût aimée. Il est vrai que ce n'aurait pas été le chevalier; ainsi...

ROSETTE.

Ainsi, il vaut peut-être mieux que le monde aille de cette façon.

LA DUCHESSE.

Mais de cette façon, Rosette, je ne sais comment je vis, moi. Il est bien vrai que je remplis tous mes devoirs de religion; mais aussi, à chaque confession, je fais une promesse de rupture avec le chevalier, et je ne la tiens pas.

Je crois bien que l'abbé n'y compte guère, à dire le vrai, et ne le demande pas sérieusement; mais enfin c'est tromper le bon Dieu. Et pourquoi cette vie gênée et tourmentée, cet hommage aux choses sacrées, aussi public que le dédain de ces choses? Moi, je n'y comprends rien, et tout ce que je sais faire, c'est d'aimer celui que j'aime. Je vois que personne ne m'en veut, après tout.

ROSETTE.

Ah! bon Dieu! madame, vous en vouloir? Bien au contraire, je crois qu'il n'y a personne qui ne vous sache gré à tous deux de vous aimer si bien.

LA DUCHESSE.

Crois-tu?

ROSETTE.

Cela se voit dans les petits sourires d'amitié qu'on vous fait en passant quand il donne le bras à madame la duchesse. On vous invite partout ensemble. Vos deux familles le reçoivent ici avec un amour...

LA DUCHESSE, *soupirant.*

Oui, mais il n'est pas ici chez lui... et cependant c'est là ce qu'on appelle le plus grand bonheur du monde, et, tel qu'il est, on n'oserait pas le souhaiter à sa fille.

Après un peu de rêverie.

Sa fille! ce mot-là me fait trembler. Est-ce un état bien heureux que celui où l'on sent que si l'on était mère, on en mourrait de honte; que l'insouciance et les ménagements du grand monde finiraient là tout à coup, et se changeraient en mépris et en froideur; que les femmes qui pardonnent à l'amante fermeraient leur porte à la mère, et que tous ceux qui me passent l'oubli d'un mari ne me passeraient pas l'oubli de son nom; car ce n'est qu'un nom qu'il faut respecter, et ce nom vous tient enchaînée, ce nom est suspendu sur votre tête, comme une épée! Que celui qu'il représente soit pour nous tout ou rien, nous avons ce nom écrit sur le collier, et au bas : *J'appartiens...*

ROSETTE.

Mais, madame, serait-on si méchant pour vous? Madame est si généralement aimée!

LA DUCHESSE.

Quand on ne serait pas méchant, je me ferais justice à moi-même et une justice bien sévère, croyez-moi. — Je n'oserais pas seulement lever les yeux devant ma mère, et même, je crois, sur moi seule.

ROSETTE.

Bon Dieu! madame m'effraye.

LA DUCHESSE.

Assez. Nous parlons trop de cela, mademoiselle, et je ne sais pas comme nous y sommes venues. Je ne suis pas une héroïne de roman, je ne me tuerais pas, mais certes j'irais me jeter pour la vie dans un couvent.

SCÈNE II

LA DUCHESSE, ROSETTE, un Laquais.

LE LAQUAIS.

Monsieur le docteur Tronchin demande si madame la duchesse peut le recevoir?

LA DUCHESSE, *à Rosette.*

Allez dire qu'on le fasse entrer.

SCÈNE III

LA DUCHESSE, TRONCHIN, *appuyé sur une longue canne aussi haute que lui, vieux, voûté, portant une perruque à la Voltaire.*

LA DUCHESSE, *gaiement.*

Ah! voilà mon bon vieux docteur!

Elle se lève et court au-devant de lui.

Allons, appuyez-vous sur votre malade.

Elle lui prend le bras et le conduit à un fauteuil.

Quelle histoire allez-vous me conter, docteur? quelle est l'anecdote du jour?

TRONCHIN.

Ah! belle dame! belle dame! vous voulez savoir les anecdotes des autres, prenez-garde de m'en fournir une vous-même. Donnez-moi votre main, voyons ce pouls, madame... Mais asseyez-vous... mais ne remuez donc pas toujours, vous êtes insaisissable.

LA DUCHESSE, *s'asseyant.*

Eh bien, voyons, que me direz-vous?

TRONCHIN, *tenant le pouls de la duchesse.*

Vous savez l'histoire qui court sur la présidente, n'est-il pas vrai, madame?

LA DUCHESSE.

Eh! mon Dieu, non, je ne m'informe point d'elle.

TRONCHIN.

Et pourquoi ne pas vouloir vous en informer? Vous vivez par trop détachée de tout, aussi. — Si j'osais vous donner un conseil, ce serait de montrer quelque intérêt aux jeunes femmes de la société dont l'opinion pourrait vous défendre, si vous en aviez besoin un jour ou l'autre.

LA DUCHESSE.

Mais j'espère bien n'avoir nul besoin d'être défendue, monsieur.

TRONCHIN.

Ah! madame, je suis sûr que vous êtes bien tranquille au fond du cœur; mais je trouve que vous me faites appeler bien souvent depuis quelques jours.

LA DUCHESSE.

Je ne vois pas, docteur, ce que vos visites ont de commun avec l'opinion du monde sur moi.

TRONCHIN.

C'est justement ce que me disait la présidente, et elle s'est bien aperçue de l'influence d'un médecin sur l'opinion publique. — Je voudrais bien vous rendre aussi confiante qu'elle. — Je l'ai tirée, ma foi, d'un mauvais pas; mais je suis discret et je ne vous conterai pas l'histoire, puisque vous ne vous intéressez pas à elle. — Point de fièvre, mais un peu d'agitation... Restez, restez... ne m'ôtez pas votre main, madame.

LA DUCHESSE.

Quel âge a-t-elle, la présidente?

TRONCHIN.

Précisément le vôtre, madame. Ah! comme elle était inquiète! Son mari n'est pas tendre, savez-vous? Il allait, ma foi, faire un grand éclat. Ah! comme elle pleurait! mais tout cela est fini, à présent. Vous savez, belle dame, que la reine va jouer la comédie à Trianon?

LA DUCHESSE, *inquiète*.

Mais la présidente courait donc un grand danger?

TRONCHIN.

Un danger que peuvent courir bien des jeunes femmes ; car enfin j'ai vu bien des choses comme cela dans ma vie. Mais, autrefois, cela s'arrangeait par la dévotion plus facilement qu'aujourd'hui. A présent, c'est le diable. Je vous trouve les yeux battus.

LA DUCHESSE.

J'ai mal dormi cette nuit après votre visite.

TRONCHIN.

Je ne suis pourtant pas méchant, ni bien effrayant pour vous.

LA DUCHESSE.

C'est votre bonté qui est effrayante, et votre silence qui est méchant. Cette femme dont vous parlez, voyons, après tout, est-elle déshonorée ?

TRONCHIN.

Non ; mais elle pouvait l'être, et, de plus, abandonnée de tout le monde.

LA DUCHESSE.

Et pourtant tout le monde sait qui elle aime.

TRONCHIN.

Tout le monde le sait et personne ne le dit.

LA DUCHESSE.

Et tout d'un coup on eût changé à ce point ?

TRONCHIN.

Madame, quand une jeune femme a une faiblesse publique, tout le monde a son pardon dans le cœur et sa condamnation sur les lèvres.

LA DUCHESSE, *vite*.

Et les lèvres nous jugent.

TRONCHIN.

Ce n'est pas la faute qui est punie, c'est le bruit qu'elle fait.

LA DUCHESSE.

Et les fautes, docteur, peuvent-elles être toujours sans bruit?

TRONCHIN.

Les plus bruyantes, madame, ce sont d'ordinaire les plus légères fautes, et les plus fortes sont les plus silencieuses, j'ai toujours vu ça.

LA DUCHESSE.

Voilà qui est bien contre le sens, par exemple!

TRONCHIN.

Comme tout ce qui se fait dans le monde, madame.

LA DUCHESSE, *se levant et lui tendant la main*.

Docteur, vous êtes franc?

TRONCHIN.

Toujours plus qu'on ne le veut, madame.

LA DUCHESSE.

On ne peut jamais l'être assez pour quelqu'un dont le parti est pris d'avance.

TRONCHIN.

Un parti pris d'avance est souvent le plus mauvais parti, madame.

LA DUCHESSE, *avec impatience.*

Que vous importe? c'est mon affaire; je veux savoir de vous quelle est ma maladie.

TRONCHIN.

J'aurais déjà dit ma pensée à madame la duchesse, si je connaissais moins le caractère de monsieur le duc.

LA DUCHESSE.

Eh bien, que ne me parlez-vous de son caractère? Quoique je n'aime pas à l'entendre nommer, comme il n'est pas impossible qu'il ne survienne par la suite quelque événement qui nous soit commun, je....

TRONCHIN.

Il est furieusement fantasque, madame! je l'ai vu haut comme ça!

Mettant la main à la hauteur de la tête d'un enfant.

Et toujours le même, suivant tout à coup son premier mouvement avec une soudaineté irrésistible et impossible à deviner. Dès l'enfance, cette impétuosité s'est montrée et n'a fait que croître avec lui. Il a tout fait de cette manière dans sa vie, allant d'un extrême à l'autre sans hésiter. Cela lui a fait faire beaucoup de grandes choses et beaucoup de sottises aussi, mais jamais rien de commun. Voilà son caractère.

LA DUCHESSE.

Vous n'êtes pas rassurant, docteur; s'il va d'un extrême à l'autre, il m'aimera bien, et je ne saurai que faire de cet amour-là.

TRONCHIN.

Ce n'est pourtant pas ce qui peut vous arriver de pis aujourd'hui, madame.

LA DUCHESSE.

Ah! mon Dieu, que me dit-il là?

Elle frappe du pied.

TRONCHIN.

C'est un fort grand seigneur, madame, que monsieur le duc. Il a toute l'amitié du roi et un vaste crédit à la cour. Quiconque l'offenserait serait perdu sans ressource; et comme il a beaucoup d'esprit et de pénétration, comme outre cela il a l'esprit ironique et cassant, il n'est pas possible de lui insinuer sans péril un plan de conduite, quel qu'il soit, et vouloir le diriger serait une haute imprudence. Le plus sûr avec lui serait une franchise totale.

LA DUCHESSE s'est détournée plusieurs fois en rougissant; elle se lève et va à la fenêtre.

Assez, assez, par grâce, je vous en supplie, monsieur! je me sens rougir à chaque mot que vous me dites, et vous me jetez dans un grand embarras.

Elle lui parle sans le regarder.

— Je vous l'avoue, je tremble comme un enfant. — Je ne puis supporter cette conversation. Les craintes terribles qu'elle fait naître en moi me révoltent et m'indignent contre moi-même. — Vous êtes bien âgé, monsieur Tronchin, mais ni votre âge, ni votre profession savante ne m'empêchent d'avoir honte qu'un homme puisse me parler, en face, de tant de choses que je ne sais pas, moi, et dont on ne parle jamais!

Une larme s'échappe.

Avec autorité.

Je ne veux plus que nous causions davantage.

Tronchin se lève.

La vérité que vous avez à me dire et que vous me devez, écrivez-la ici, je l'enverrai prendre tout à l'heure. — Voici une plume. Ce que vous écrirez pourrait bien être un arrêt, mais je n'en aurai nul ressentiment contre vous.

Elle lui serre la main, le docteur baise sa main.

Votre jugement est le jugement de Dieu. — Je suis bien malheureuse!

Elle sort vite.

SCÈNE IV

TRONCHIN, seul.

Il se rassied, écrit une lettre, s'arrête et relit ce qu'il vient d'écrire; puis il dit.

La science inutile des hommes ne pourra jamais autre chose que détourner une douleur par une autre plus grande. A la place de l'inquiétude et de l'insomnie, je vous donne la certitude et le désespoir.

Il s'essuie les yeux où roule une larme.

Elle souffrira, parce qu'elle a une âme candide dans son égarement, franche au milieu de la fausseté du monde, sensible dans une société froide et polie, passionnée dans un temps d'indifférence, pieuse dans un siècle d'irréligion. Elle souffrira sans doute; mais, dans le temps et le monde où nous sommes, la nature usée, faible et fardée dès l'enfance, n'a pas plus d'énergie pour les transports du malheur que pour ceux de la félicité. Le chagrin glissera sur elle, et, d'ailleurs, je vais lui chercher du secours à la source même de son infortune.

SCÈNE V

TRONCHIN, ROSETTE.

ROSETTE.

Monsieur, je viens chercher...

TRONCHIN, *lui donnant un papier.*

Prenez, mademoiselle.

Rosette sort.

SCÈNE VI

TRONCHIN, *seul.*

Son mari doit être à Trianon, ou à Versailles... Je puis m'y rendre en deux heures et demie.

SCÈNE VII

TRONCHIN, ROSETTE.

On entend un grand cri de la duchesse.

TRONCHIN.

Rosette revient toute pâle.

ROSETTE.

Ah! monsieur, voyez madame la duchesse, comme elle pleure.

Elle entr'ouvre une porte vitrée.

TRONCHIN.

Ce n'est rien, ce n'est rien qu'une petite attaque de nerfs; vous lui ferez prendre un peu d'éther, et vous brûlerez une plume dans sa chambre, celle-ci, par exemple. — Sa maladie ne peut pas durer plus de huit mois. — Je vais à Versailles.

Il sort.

ROSETTE.

Comme ces vieux médecins sont durs!

Elle court chez la duchesse.

SCÈNE VIII

Versailles. — La chambre du duc.

LE DUC, TRONCHIN.

Ils entrent ensemble.

LE DUC.

Vous en êtes bien sûr, docteur?

TRONCHIN.

Monsieur le duc, j'en réponds sur ma tête, que je vous apporte à Versailles; prenez-la pour ce qu'elle vaut.

LE DUC, *s'asseyant en taillant une plume.*

Allons, il est toujours bon de savoir à quoi s'en tenir. Vous la voyez très souvent? Asseyez-vous donc!

TRONCHIN.

Presque tous les jours, je passe chez elle pour des migraines, des bagatelles.

LE DUC.

Et comment est-elle, ma femme? est-elle jolie? est-elle agréable?

TRONCHIN.

C'est la plus gracieuse personne de la terre.

LE DUC.

Vraiment? Je ne l'aurais pas cru; le jour où je la vis, ce n'était pas ça du tout. C'était tout empesé, tout guindé, tout roide; ça venait du couvent, ça ne savait ni entrer ni sortir, ça saluait tout d'une pièce; de la fraîcheur seulement, la beauté du diable.

TRONCHIN.

Oh! à présent, monsieur le duc, c'est tout autre chose.

LE DUC.

Oui, oui, le chevalier doit l'avoir formée. Le petit chevalier a du monde... Je suis fâché de ne pas la connaître.

TRONCHIN.

Ah çà! il faut avouer, entre nous, que vous en aviez bien la permission.

LE DUC, *prenant du tabac pour le verser d'une tabatière d'or dans une boîte à portrait.*

Ça peut bien être! Je ne dis pas le contraire,

docteur, mais, ma foi, c'était bien difficile. La marquise est bien la femme la plus despotique qui jamais ait vécu; vous savez bien qu'elle ne m'eût jamais laissé marier, si elle n'eût été assez bien assurée de moi, et bien certaine que ce serait ici, comme partout à présent, une sorte de cérémonie de famille, sans importance et sans suites.

TRONCHIN.

Sans importance, cela dépend de vous; mais sans suites, monsieur le duc...

LE DUC, *sérieusement.*

Cela dépend aussi de moi, plus qu'on ne croit, monsieur; mais c'est mon affaire.

Il se lève et se promène.

Savez-vous à quoi je pense, mon vieil ami? C'est que l'honneur ne peut pas toujours être compris de la même façon.

Dans la passion, le meurtre peut-être sublime; mais, dans l'indifférence, il serait ridicule; dans un homme d'État ou un homme de cour, par ma foi, il serait fou.

Tenez, regardez! Moi, par exemple, je sors de chez le roi. Il a eu la bonté de me parler d'affaires assez longtemps. Il regrette monsieur d'Orvilliers, mais il l'abandonne à ses ennemis, et le laisse quitter le commandement de la flotte avec laquelle il a battu les Anglais. Moi qui suis l'ami de d'Orvilliers, et qui sais ce qu'il vaut, cela m'a fait de la peine; je viens d'en parler vivement, je me suis avancé pour lui. Le roi m'a écouté volontiers et est entré dans mes raisons. Il m'a présenté ensuite Franklin, le docteur Franklin, l'imprimeur, l'Américain, l'homme pauvre, l'homme en habit gris, le savant, le sage, l'envoyé du nouveau monde à l'ancien, grave comme le paysan du Danube, demandant justice à l'Europe pour son pays, et l'obtenant de Louis XVI ; j'ai eu une longue conférence avec ce bon Franklin ; je l'ai vu ce matin même présenter son petit-fils au vieux Voltaire, et demander à Voltaire une bénédiction, et Voltaire ne riant pas, Voltaire étendant les mains aussi gravement qu'eût fait le souverain pontife, et secouant sa tête octogénaire avec émotion, et disant sur la tête de l'enfant : « Dieu et la liberté ! » C'était beau, c'était solennel, c'était grand.

Et, au retour, le roi m'a parlé de tout cela avec la justesse de son admirable bon sens ; il voit l'avenir sans crainte, mais non sans tristesse ; il sent qu'une révolution partant de France peut y revenir. Il aide ce qu'il ne peut empêcher, pour adoucir la pente ; mais il la voit rapide et sans fond, car il parle et pense en législateur quand il est avec ses amis. Mais l'action l'intimide. Au sortir de l'entretien, il m'a donné ma part dans les événements présents et à venir.

Voilà ma matinée. — Elle est sérieuse comme vous voyez ; et maintenant, en vérité, m'occuper d'une affaire de... de quoi dirai-je ? de ménage ?... Oh ! non ! — Quelque chose de moins que cela encore... Une affaire de boudoir... et d'un boudoir que je n'ai jamais vu... Eh bonne vérité, vous le sentez, cela ne m'est guère possible. Un sourire de pitié est vraiment tout ce que cela me peut arracher. Je suis si étranger à cette jeune femme, moi, que je n'ai pas le droit de la colère; mais elle porte mon nom, et, quant à ce qu'il y a dans ce petit événement qui pourrait blesser l'amour-propre de l'un ou l'intérêt de l'autre, fiez-vous-en à moi pour ne tirer d'elle qu'une vengeance de bonne compagnie, et qui, pour être de bon goût, n'en sera peut-être que plus sincère. Pauvre petite femme, elle doit avoir une peur d'enfer!

Il rit et prend son épée.

Venez-vous avec moi voir la marquise au Petit-Trianon? Je l'ai trouvée assez pâle ce matin, elle m'inquiète.

Il sonne.

A ses gens.

Ce soir, à onze heures, on me tiendra un carrosse prêt pour aller à Paris.

A Tronchin.

Passez, mon cher Tronchin.

TRONCHIN, *à part.*

Je n'ai plus qu'à le laisser faire à présent.

Ils sortent.

SCÈNE IX

Paris. — La chambre à coucher de la duchesse.

LA DUCHESSE, ROSETTE.

LA DUCHESSE. *Elle est à sa toilette, en peignoir, prête à se coucher, ses cheveux à demi dépoudrés ré-*

pandus sur son sein, comme ceux d'une Madeleine, en longs flots nommés repentirs.

Quelle heure est-il?

ROSETTE, *achevant de la coiffer pour la nuit et de lui ôter sa toilette de cour.*

Onze heures et demie, madame, et monsieur le chevalier...

LA DUCHESSE.

Il ne viendra plus à présent, il a bien fait de ne pas venir aujourd'hui. — J'aime mieux ne pas l'avoir vu. J'ai bien mieux pleuré.

Chez qui peut-il être allé? — A présent, je vais être bien plus jalouse; à présent que je suis si malheureuse! — Quels livres m'a envoyés l'abbé?

ROSETTE.

Les *Contes* de monsieur l'abbé de Voisenon.

LA DUCHESSE.

Et le chevalier?

ROSETTE.

Le *Petit Carême* et l'*Imitation*.

LA DUCHESSE.

Ah! comme il me connaît bien! Sais-tu, Rosette, que son portrait est bien ressemblant? Tiens, il avait cet habit-là quand la reine lui a parlé si longtemps, et, pendant tout ce temps-là, il me regardait, de peur que je ne fusse jalouse. Tout le monde l'a remarqué. Oh! il est charmant!...

Soupirant.

Ah! que je suis malheureuse, n'est-ce pas, Rosette?

ROSETTE.

Oh! oui, madame.

LA DUCHESSE.

Il n'y a pas de femme plus malheureuse que moi sur toute la terre.

ROSETTE.

Oh! non, madame.

LA DUCHESSE.

Je vais me coucher... Laissez-moi seule, je vous rappellerai.

Rosette sort.

Je fais faire mes prières.

SCÈNE X

LA DUCHESSE, *seule.*

Elle va ouvrir les rideaux de son lit, et, en voyant le crucifix, elle a peur; elle crie.

Rosette! Rosette!

SCÈNE XI

LA DUCHESSE, ROSETTE.

ROSETTE, *effrayée*.

Madame?

LA DUCHESSE.

Quoi donc?

ROSETTE.

Madame m'a appelée.

LA DUCHESSE.

Ah! je voulais... mon peignoir.

ROSETTE.

Madame la duchesse l'a sur elle.

LA DUCHESSE.

J'en voulais un autre. — Non. — Restez avec moi, j'ai peur. — Restez sur le sofa, je vais lire.

A part.

Je n'ose pas faire un signe de croix. — A quelle heure le chevalier vient-il demain matin? Ah! je suis la plus malheureuse femme du monde.

Elle pleure.

Allons, mets dans la ruelle un flambeau et la *Nouvelle Héloïse*.

SCÈNE XI.

Tenant le livre.

Jean-Jacques! ah! Jean-Jacques! vous savez, vous, combien d'infortunes se cachent sous le sourire d'une femme.

On frappe à une porte de la rue; une voiture roule.

On frappe à la porte! Ce n'est pas ici, j'espère!

ROSETTE.

J'ai entendu un carrosse s'arrêter à la porte de l'hôtel.

LA DUCHESSE.

En es-tu bien sûre, Rosette? A minuit!

Rosette regarde à la fenêtre.

ROSETTE.

C'est bien à la porte de madame la duchesse, un carrosse avec deux laquais qui portent des torches; c'est la livrée de madame.

LA DUCHESSE.

Eh! bon Dieu! serait-il arrivé quelque événement chez ma mère? Je suis dans un effroi...

ROSETTE.

J'entends marcher! on monte chez madame la duchesse.

LA DUCHESSE.

Mais qu'est-ce donc?

On frappe.

Demande avant d'ouvrir.

ROSETTE.

Qui est là ?

UN LAQUAIS.

Monsieur le duc arrive de Versailles !

ROSETTE.

Monsieur le duc arrive de Versailles !

LA DUCHESSE, *tombant sur un sofa.*

Monsieur le duc ! depuis deux ans ! lui ! depuis deux ans ! jamais ! et aujourd'hui ! à cette heure ! Ah ! que vient-il faire, Rosette ? Il vient me tuer ! cela est certain ! — Embrasse-moi, mon enfant, et prends ce collier, tiens, et ce bracelet ; tiens, en souvenir de moi.

ROSETTE.

Je ne veux pas de tout cela ! Je ne quitterai point madame la duchesse !

On frappe encore.

Eh bien, quoi ? Madame la duchesse est au lit.

LE LAQUAIS, *toujours derrière la porte.*

Monsieur le duc demande si madame la duchesse peut le recevoir.

LA DUCHESSE, *du canapé, vite.*

Non !

ROSETTE, *vite, à la porte.*

Non !

LA DUCHESSE.

Plus poliment, Rosette : *Madame est endormie.*

ROSETTE, *criant et ayant un peu perdu la tête.*
Madame est endormie !

LE LAQUAIS.

Monsieur le duc dit que vous avez dû la réveiller, et qu'il attendra que madame la duchesse puisse le recevoir. Il a à lui parler.

ROSETTE, *à la duchesse.*
Monsieur le duc veut que madame se lève !

LA DUCHESSE.

Ah ! mon Dieu ! il sait tout ; il vient me faire mourir !

ROSETTE, *sérieusement.*
Madame !...
   Elle s'arrête.

LA DUCHESSE.
Eh bien ?

ROSETTE.
Madame, je ne le crois pas !

LA DUCHESSE.
Et pourquoi ne le crois-tu pas ?

ROSETTE, *tragiquement.*
Madame, parce que les gens ont l'air gai

LA DUCHESSE, *effrayée.*

Ils ont l'air gai? — Mais c'est encore pis. Oh! mon pauvre chevalier!

Elle prend son portrait.

ROSETTE.

Hélas! madame la duchesse, quel malheur d'être la femme de monsieur le duc!

LA DUCHESSE, *désolée.*

Quelle horreur! quelle insolence!

ROSETTE.

Et s'il vient par jalousie!

LA DUCHESSE.

Quel étrange amour! voilà qui est odieux! Écoute! il ne peut venir que par fureur ou par passion; de toute façon, c'est me faire mourir. Tue-moi, je t'en prie.

ROSETTE, *reculant.*

Non, madame! moi, tuer madame! cela ne se peut pas.

LA DUCHESSE.

Eh bien, au moins, va dans mon cabinet. Tu écouteras tout; et dès que je sonnerai, tu entreras. Je ne veux pas qu'il reste plus d'un quart d'heure ici, quelque chose qu'il me veuille dire. Hélas! si le chevalier le savait!

SCÈNE XI.

ROSETTE.

Oh! madame! il en mourrait d'abord!

LA DUCHESSE.

Pauvre ami! — S'il se met en colère, tu crieras au feu! — Au bout du compte, je ne le connais pas, moi, mon mari!

ROSETTE.

Certainement! madame ne l'a jamais vu qu'une fois.

LA DUCHESSE.

O mon Dieu! ayez pitié de moi!

ROSETTE.

On revient, madame.

LA DUCHESSE.

Allons, du courage! — Mademoiselle, dites que je suis visible.

ROSETTE.

Madame la duchesse est visible.

LA DUCHESSE, *à genoux, se signant.*

Mon Dieu! ayez pitié de moi!

Elle se couche à demi sur le sofa.

SCÈNE XII

UN LAQUAIS, LE DUC, LA DUCHESSE.

UN LAQUAIS, *ouvrant les deux battants de la porte.*

Monsieur le duc!

La duchesse se lève, fait une révérence, et s'assied toute droite sans oser parler.

LE DUC.

Il la salue, puis il va droit à la cheminée, et, gardant son épée au côté et son chapeau sous le bras, se chauffe tranquillement les pieds. Après un long silence, il la salue froidement.

Eh bien, madame, comment vous trouvez-vous?

LA DUCHESSE.

Mais, monsieur, un peu surprise de vous voir, et confuse de n'avoir pas eu le temps de m'habiller pour vous.

LE DUC.

Oh! n'importe, n'importe! je ne tiens pas au cérémonial. D'ailleurs, on peut paraître en négligé devant son mari.

LA DUCHESSE, *à part.*

Son mari! hélas!

SCÈNE XII.

Haut.

Oui, certainement... son mari... Mais ce nom-là... je vous avoue...

LE DUC, *ironiquement.*

Oui, oui... j'entends, vous n'y êtes pas plus habituée qu'à ma personne.

Souriant.

C'est ma faute.

Tendrement.

C'est ma très grande faute, ou plutôt c'est la faute de tout le monde.

Sérieusement.

Qui peut dire en ce monde, et *dans le monde surtout,* qu'il n'ajoute pas par sa conduite aux fautes des autres? Dites-le-moi, madame.

LA DUCHESSE.

Ah! je crois bien que vous avez raison, monsieur; vous savez le monde mieux que moi!

LE DUC, *avec feu.*

Mieux que vous! mieux que vous, madame! cela n'est, parbleu! pas facile. Je n'entends parler à Versailles que de votre grâce dans le monde; vous faites fureur! On n'a que votre nom à la bouche. C'est une rage.

D'un ton ambigu.

Moi... je l'avoue, cela... cela m'a piqué d'honneur!

LA DUCHESSE, *à part*.

O ciel! piqué d'honneur! que veut-il dire?

LE DUC, *s'approchant avec galanterie*.

Ça, voyons, regardez-moi bien! me reconnaissez-vous?

LA DUCHESSE.

Sans doute, monsieur le duc, j'aurais bien mauvaise grâce à ne pas...

LE DUC, *tendrement*.

Me dire oui, n'est-ce pas? Ce n'est pas cette docilité qu'il me faut, c'est de la franchise.

LA DUCHESSE.

De la...?

LE DUC, *sévèrement*.

De la franchise, madame.

Il quitte le fauteuil et retourne brusquement à la cheminée.

J'aurai beaucoup à vous dire cette nuit, et des choses fort sérieuses!

LA DUCHESSE.

Quoi! cette nuit, monsieur! pensez-vous?

LE DUC, *froidement*.

J'y ai pensé, madame, pendant tout le chemin de Versailles, et un peu avant aussi.

LA DUCHESSE, *à part.*

Il sait ma faute! il la sait! tout est fini!

LE DUC.

Oui, j'ai le projet de ne partir que demain matin au jour, et vos gens et les miens doivent être couchés, à présent.

LA DUCHESSE, *vivement, et se levant.*

Mais ce n'est pas moi qui l'ai ordonné.

LE DUC, *avec sang-froid et le sourire sur la bouche.*

Alors, madame, si ce n'est vous, il faut donc que ce soit moi.

LA DUCHESSE, *à part.*

Il restera.

LE DUC, *regardant la pendule.*

Demain, j'arriverai à temps pour le petit lever.
C'est une pendule de Julien Le Roy que vous avez là?

Il ôte son épée et son chapeau, et les pose sur un guéridon.

LA DUCHESSE, *à part.*

Un sang-froid à n'y rien comprendre! — Quelle inquiétude il me donne!

LE DUC, *s'asseyant.*

Ah! ah! voici quelques livres! C'est bien ce que l'on m'avait dit: vous aimez l'esprit, et vous en avez; oh! je sais que vous en avez beaucoup, et du bon, du vrai, du meilleur esprit. — C'est monsieur de Voltaire! — Oh! *Zaïre!* — « Zaïre, vous pleurez. »

Lekain dit cela comme ça, n'est-ce pas?

LA DUCHESSE.

Je ne l'ai pas vu, monsieur.

LE DUC.

Ah! c'est vrai! je sais que vous êtes un peu dévote; vous n'allez pas à la comédie, mais vous la lisez. Vous lisez la comédie... Pour la jouer, jamais!

Avec une horreur comique.

Oh! jamais!

LA DUCHESSE.

On ne m'y a pas élevée, monsieur, fort heureusement pour moi.

LE DUC.

Et pour votre prochain, madame; mais je suis sûr qu'avec votre esprit, vous la joueriez parfaitement... Tenez (nous avons le temps), si vous étiez la belle Zaïre, soupçonnée d'infidélité par Orosmane, le violent, le terrible Orosmane...

LA DUCHESSE, *à part.*
A demi-voix à la cloison.

Ah! c'est ma mort qu'il a résolue! — Rosette, prenez garde! Rosette, faites attention.

SCÈNE XII.

LE DUC.

En vérité, madame, c'est le plus généreux des mortels que ce soudan Orosmane; n'ayez donc pas peur de lui. S'il entrait ici, par exemple, disant avec la tendresse que met Lekain dans cette scène-là :

> *Hélas! le crime veille et son horreur me suit.*
> *A ce coupable excès porter sa hardiesse!*
> *Tu ne connaissais pas mon cœur et ma tendresse.*
> *Combien je t'adorais! quels feux!...*

LA DUCHESSE, *se levant et allant à lui.*

Monsieur, avez-vous quelque chose à me reprocher?

LE DUC, *riant.*

Ah! le mauvais vers que voilà! Eh! bon Dieu, que dites-vous donc? Ce n'est pas dans la pièce.

LA DUCHESSE, *boudant.*

Eh! monsieur, je ne dis pas de vers, je parle. On ne vient pas à minuit chez une femme pour lui dire des vers, aussi.

LE DUC, *jetant son livre.*

Avec tendresse et mélancolie.

Et croyez-vous donc que ce soit là ce qui m'amène? Causons un peu en amis.

Il s'assied sur la causeuse près d'elle.

Ça! vous est-il arrivé quelquefois de songer à votre mari, par extraordinaire, là, un beau matin, en vous éveillant?

LA DUCHESSE, *étonnée.*

Eh! monsieur, mon mari pense si peu à sa femme, qu'il n'a vraiment pas le droit d'exiger la moindre réciprocité.

LE DUC.

Eh! qui donc vous a pu dire, ingrate, qu'il ne pensait pas à vous? Était-il en passe de vous l'écrire? C'eût été ridicule à lui. Vous le faire dire par quelqu'un, c'était bien froid. Mais venir vous le jurer chez vous et vous le prouver, voilà quel était son devoir.

LA DUCHESSE, *à part.*

Me le jurer! Ah! pauvre chevalier!

Elle baise son portrait.

Me le jurer, monsieur! et me jurer quoi, s'il vous plaît? Vous êtes-vous jamais cru obligé à quelque chose envers moi? Que vous suis-je donc, monsieur, sinon une étrangère qui porte votre nom?...

LE DUC.

Et peut le donner, madame...

LA DUCHESSE, *se levant.*

Ah! monsieur le duc, faites-moi grâce...

LE DUC *se lève tout à coup en riant.*

Grâce? madame, et de quoi grâce, bon Dieu? — Ah! je comprends: vous voulez que je vous fasse grâce de mes compliments, de mes tendresses et de mes fadeurs. Eh! je le veux bien, tant qu'il vous plaira! Parlons d'autre chose.

SCÈNE XII.

LA DUCHESSE.

Quelle torture!

LE DUC.

Savez-vous de qui ces tableaux-là sont les portraits? Je suis sûr que vous ne les regardez jamais. Ces braves gens cuirassés sont mes aïeux, ils sont anciens; nous sommes, ma foi, très anciens, aussi anciens que les Bourbons; le saviez-vous? Mon nom est celui d'un connétable, de cinq maréchaux de France, tous pairs des rois, et parents et alliés des rois, et élevés avec eux dès l'enfance, camarades de leur jeunesse, frères d'armes de leur âge d'homme, conseillers et appuis de leur vieillesse. C'est beau! c'est assez beau pour que l'on s'en souvienne; et quand on s'en souvient, il n'est guère possible de ne pas songer que ce serait un malheur épouvantable, une désolation véritable, dans une famille, que de n'avoir personne à lui léguer ce nom. Sans parler de l'héritage, qui ne laisse pas que d'être considérable! Cela ne vous a-t-il jamais affligée?

LA DUCHESSE.

Eh! monsieur, je ne vois pas pourquoi je m'en affligerais quand vous n'y pensez jamais. Après tout, c'est de votre nom qu'il s'agit, et non du mien.

LE DUC.

Eh quoi! Élisabeth!

LA DUCHESSE.

Élisabeth? Vous vous croyez ailleurs, je pense.

LE DUC.

Eh! n'est-ce pas Élisabeth que vous vous nommez? Quel est donc votre nom de baptême?

LA DUCHESSE, *avec tristesse*.

Baptême! le nom de baptême! c'est vous qui demandez le nom que l'on m'a donné! Je voudrais bien savoir ce qu'eût dit mon pauvre père, qui tenait tant à ce nom-là...

Vite.

Et vous, je ne vous le dirai pas!... si quelqu'un lui eût dit : « Eh bien, ce nom si doux, son mari ne daignera pas le savoir. »
Du reste, cela est juste!

Avec agitation.

Les noms de baptême sont faits pour être dits par ceux qui aiment et pour être inconnus à ceux qui n'aiment pas.

En enfant.

Il est bien juste que vous ne sachiez pas le mien, et c'est bien fait... et je ne vous le dirai pas.

LE DUC, *à part, souriant et charmé*.

Ah çà! mais comme elle est gentille! je suis fou de me prendre les doigts à mon piège?
C'est qu'elle est charmante, en vérité!

Haut et sérieux.

Et pourquoi saurais-je ce nom d'enfant, madame? qu'est-ce pour moi, je vous prie, que la jeune fille enfermée au couvent jusqu'à ce qu'on me la donne sans que je sache seulement son âge? C'est la jeune femme connue sous le nom qui m'appartient; celle-là seule est mienne, madame, puisque, pour la nommer, il faut qu'on me nomme moi-même.

LA DUCHESSE, *se levant, vite et avec colère.*

Monsieur le duc, voulez-vous me rendre folle? Je ne comprends plus rien ni à vos idées, ni à vos sentiments, ni à mon existence, ni à vos droits, ni aux miens; je ne suis peut-être qu'une enfant! J'ai peut-être été toujours trompée. Dites-moi ce que vous savez de la vie réelle du monde. Dites-moi pourquoi les usages sont contre la religion et le monde contre Dieu. Dites-moi si notre vie a tort ou raison; si le mariage existe ou non; si je suis votre femme, pourquoi vous ne m'avez jamais revue, et pourquoi l'on ne vous en blâme pas; si les serments sont sérieux, pourquoi ils ne le sont pas pour vous; si vous avez et si j'ai moi-même le droit de jalousie. Dites-moi ce que signifie tout cela. Qu'est-ce que ce mariage du nom et de la fortune, d'où les personnes sont absentes, et pourquoi nos hommes d'affaires nous ont fait paraître dans ce marché? Dites-moi si le droit qu'on vous a donné était seulement celui de venir me troubler, me poursuivre chez moi quand il vous plaît, d'y tomber comme la foudre, au moment où l'on s'y attend le moins, à tout hasard, au risque de me causer la plus grande frayeur, sans scrupules, la nuit, dans mon hôtel, dans ma chambre, dans mon alcôve, là!

LE DUC.

Ah! madame, les beaux yeux que voilà; aussi

éloquents que votre bouche lorsqu'un peu d'agitation la fait parler. — Eh bien, quoi! voulez-vous que je vous explique une chose inexplicable? Voulez-vous que je fasse du pédantisme avec vous? Faut-il que je m'embarque avec vous dans les phrases? Exigez-vous que je vous parle du grand monde, et que je vous raconte l'histoire de l'hymen? — Vous dire comment le mariage, d'abord sacré, est devenu si profané à la cour, et si profané surtout; vous dire comment nos vieilles et saintes familles sont devenues si frivoles et si mondaines, comment et par qui nous fûmes tirés de nos châteaux et de nos terres pour venir nous échelonner dans une royale antichambre; comment notre ruine fastueuse a nécessité nos alliances calculées, et comment on les a toutes réglées en famille, d'avance et dès le berceau (comme la nôtre, par exemple); vous raconter comment la religion (irréparable malheur peut-être!) s'en est allée en plaisanterie, fondue avec le sel attique dans le creuset des philosophes; vous décrire par quels chemins l'amour est venu se jeter à travers tout cela, pour élever son temple secret sur tant de ruines, et comment il est devenu lui-même quelque chose de respecté et de sacré, pour ainsi dire, selon le choix et la durée : vous raconter, vous expliquer, vous analyser tout cela, ce serait par trop long et par trop fastidieux; vous en savez, je gage, autant que moi sur beaucoup de choses...

LA DUCHESSE, *lui prenant la main avec plus de confiance.*

Hélas! à vous dire vrai, monsieur, si je les sais,

un peu, comme vous les savez beaucoup, il me semble, j'en souffre plus que je n'en suis heureuse, et je ne devine pas quelle fin peut avoir un monde comme le nôtre.

LE DUC.

Eh! bon Dieu, madame, qui s'en inquiète à l'heure qu'il est, si ce n'est vous? Personne, je vous jure, pas même chez ceux que cela touche de plus près. Respirons en paix, croyez-moi! respirons tel qu'il est, cet air empoisonné, si l'on veut, mais assez embaumé, selon mon goût, de l'atmosphère où nous sommes nés, et dirigeons-nous seulement, lorsqu'il le faudra, selon cette loi que, ma foi, je ne vis jamais nulle part écrite, mais que je sentis toujours vivante en moi, la loi de l'honneur.

LA DUCHESSE, *un peu effrayée et reculant.*

L'honneur! oui! mais cet honneur, en quoi le faites-vous consister, monsieur le duc?

LE DUC, *très gravement.*

Il est dans tous les instants de la vie d'un galant homme, madame; mais il doit surtout le faire consister dans le soin de soutenir la dignité de son nom... et...

LA DUCHESSE, *à part.*

Encore cette idée! ô mon Dieu! mon Dieu!

LE DUC.

Et, en supposant qu'on eût porté quelque atteinte

à la pureté de ce nom, il ne doit hésiter devant aucun sacrifice pour réparer l'injure ou la cacher éternellement.

LA DUCHESSE.

Aucun sacrifice ne vous coûterait-il, monsieur?

LE DUC.

Aucun, madame, en vérité.

LA DUCHESSE.

En vérité?

LE DUC, *sur un ton emporté.*

Sur ma parole! aucun! fallût-il un meurtre!

LA DUCHESSE, *à part.*

Ah! je suis perdue! ah! mon Dieu!

Elle regarde sa croix.

LE DUC, *sur un ton passionné.*

Fallût-il me jeter à vos pieds et les couvrir de baisers, et m'humilier pour rentrer en grâce!

Il lui baise la main à genoux.

LA DUCHESSE, *à part.*

Ah! pauvre chevalier! nous sommes perdus! je n'oserai plus te revoir!

Elle baise le portrait du chevalier.

LE DUC, *brusquement, en homme, et comme quittant le masque.*

Ah ça! voyons, mon enfant, touchez là.

LA DUCHESSE, *étonnée.*

Quoi donc?

LE DUC.

Touchez là, vous dis-je! une fois seulement donnez-moi la main, c'est tout ce que je vous demande.

LA DUCHESSE, *pleurant presque.*

Comment! monsieur...?

LE DUC.

Oui, vraiment, touchez là bien franchement, en bonne et sincère amie; je ne veux point vous faire de mal, et toute la vengeance que je tirerais de vous (si vous m'aviez offensé), ce serait cette frayeur que je viens de vous faire.

Asseyez-vous. — Je vais partir.

Il reprend son chapeau et son épée.

Voici le jour qui vient! il me faut le temps d'arriver à Versailles.

Debout, il lui serre la main, elle est assise.

Écoutez bien. Il n'y a rien que je ne sache...

A vrai dire, je ne me sens nulle colère et nulle haine pour vous.

Avec émotion et gravité.

N'ayez, je vous prie, nulle haine contre moi non

plus. Nous avons chacun nos petits secrets. Vous faites bien, et je crois que je ne fais pas mal de mon côté. Restons-en là! Je ne sais si tout cela nous passera, mais nous sommes jeunes tous les deux, nous verrons. — Soyez toujours bien assurée que mon amitié ne passera pas pour vous... Je vous demande la vôtre, et...

En riant.

N'ayez pas peur, je ne reviendrai vous voir que quand vous m'écrirez de venir.

LA DUCHESSE.

Êtes-vous si bon, monsieur? Et je ne vous connaissais pas!

LE DUC.

Pardonnez-moi cette mauvaise nuit que je vous ai fait passer. Dans une société qui se corrompt et se dissout chaque jour comme la nôtre, tout ce qui reste encore de possible, c'est le respect des convenances. Il y a des occasions où la dissimulation est presque sainte et peut même ne pas manquer de grandeur. Je vous ai dit que je tenais à notre nom... En voici la preuve : vos gens et les miens m'ont vu entrer, ils me verront sortir, et, pour le monde, c'est tout ce qu'il faut.

LA DUCHESSE, *à ses genoux, lui baise les mains et pleure en se cachant le visage.* — *Silence.*

Ah! monsieur le duc, quelle bonté! et quelle honte pour moi! Votre générosité m'écrase! Où me cacher, monsieur? J'irai dans un couvent.

LE DUC, *souriant*.

C'est trop! c'est beaucoup trop! je n'en crois rien, et je ne le souhaite pas. Du reste, il n'en sera que ce que vous voudrez. Adieu! Moi, je vous ai sauvée en sauvant les apparences.

Il sonne, on ouvre, il sort.

SCÈNE XIII

LA DUCHESSE, ROSETTE.

ROSETTE.

Elle entre sur la pointe du pied avec effroi.

Ah! madame! l'ennemi est parti.

LA DUCHESSE.

L'ennemi? ah! taisez-vous! — L'ennemi! ah! je n'ai pas de meilleur ami! ne parlez jamais de lui légèrement. Il m'a sauvée; mais il m'a traitée comme un enfant, avec une pitié dédaigneuse qui m'anéantit et me punit bien plus que la sévérité d'un autre.

ROSETTE.

Toujours est-il que nous en voilà QUITTES POUR LA PEUR.

FIN

CHATTERTON

DRAME EN TROIS ACTES

REPRÉSENTÉ POUR LA PREMIÈRE FOIS, A PARIS
SUR LE THÉATRE-FRANÇAIS

Le 12 Février 1835

Despair and die.
SHAKESPEARE.
Désespère et meurs.

DERNIERE NUIT DE TRAVAIL

DU 29 AU 30 JUIN 1834

Ceci est la question.

JE viens d'achever cet ouvrage austère dans le silence d'un travail de dix-sept nuits. Les bruits de chaque jour l'interrompaient à peine, et, sans s'arrêter, les paroles ont coulé dans le moule qu'avait creusé ma pensée.

A présent que l'ouvrage est accompli, frémissant encore des souffrances qu'il m'a causées, et dans un recueillement aussi saint que la prière, je le considère avec tristesse, et je me demande s'il sera inutile ou s'il sera écouté des hommes. — Mon âme s'effraye pour eux en considérant combien il faut de temps à la plus simple idée d'un seul pour pénétrer dans le cœur de tous.

Déjà, depuis deux années, j'ai dit par la bouche de Stello ce que je vais répéter bientôt par celle de Chatterton, et quel bien ai-je fait? Beaucoup ont lu mon livre et l'ont aimé comme livre; mais peu de cœurs, hélas! en ont été changés.

Les étrangers ont bien voulu en traduire les mots par les mots de leur langue, et leurs pays m'ont ainsi prêté l'oreille. Parmi les hommes qui m'ont écouté, les uns ont applaudi la composition des trois drames suspendus à un même principe, comme trois tableaux à un même support; les autres ont approuvé la manière dont se nouent les arguments aux preuves, les règles aux exemples, les corollaires aux propositions; quelques-uns se sont attachés particulièrement à considérer les pages où se pressent les idées laconiques, serrées comme les combattants d'une épaisse phalange; d'autres ont souri à la vue des couleurs chatoyantes ou sombres du style; mais les cœurs ont-ils été attendris? — Rien ne me le prouve. L'endurcissement ne s'amollit point tout à coup par un livre. Il fallait Dieu lui-même pour ce prodige. Le plus grand nombre a dit en jetant ce livre : « Cette idée pouvait en effet se défendre. Voilà qui est un assez bon plaidoyer! » Mais la cause, ô grand Dieu! la cause pendante à votre tribunal, ils n'y ont plus pensé!

La cause, c'est le martyre perpétuel et la perpétuelle immolation du Poëte. — La cause, c'est le droit qu'il aurait de vivre. — La cause, c'est le pain qu'on ne lui donne pas. — La cause, c'est la mort qu'il est forcé de se donner.

D'où vient ce qui se passe? Vous ne cessez de vanter l'intelligence, et vous tuez les plus intelligents. Vous les tuez, en leur refusant le pouvoir de vivre selon les conditions de leur nature. — On croirait, à vous voir en faire si bon marché, que c'est une chose commune qu'un Poète. — Songez donc que, lorsqu'une nation en a deux en dix siècles, elle se trouve heureuse et s'enorgueillit. Il y a tel peuple qui n'en a pas un, et n'en aura jamais. D'où vient donc ce qui se passe? Pourquoi tant d'astres éteints dès qu'ils commençaient à poindre? C'est que vous ne savez pas ce que c'est qu'un Poète, et vous n'y pensez pas.

> Auras-tu donc toujours des yeux pour ne pas voir, Jérusalem!

Trois sortes d'hommes, qu'il ne faut pas confondre, agissent sur les sociétés par les travaux de la pensée, mais se remuent dans des régions qui me semblent éternellement séparées.

L'homme habile aux choses de la vie, et toujours apprécié, se voit, parmi nous, à chaque pas. Il est convenable à tout et convenable en tout. Il a une souplesse et une facilité qui tiennent du prodige. Il fait justement ce qu'il a résolu de faire, et dit proprement et nettement ce qu'il veut dire. Rien n'empêche que sa vie soit prudente et compassée comme ses travaux. Il a l'esprit libre, frais et dispos, toujours présent et prêt à la riposte. Dépourvu d'émotions réelles, il renvoie promptement la balle élastique des bons mots. Il écrit les affaires comme la littérature, et rédige la littérature comme les affaires. Il peut s'exercer indifféremment à l'œuvre d'art et à la critique, prenant dans l'une la forme à la mode, dans l'autre la dissertation sentencieuse. Il sait le nombre des paroles que l'on peut réunir pour faire les apparences de la passion, de la mélancolie, de la gravité, de l'érudition et de l'enthousiasme. Mais il n'a que de froides velléités de ces choses, et les devine plus qu'il ne les sent ; il les respire de loin comme de vagues odeurs de fleurs inconnues. Il sait la place du mot et du sentiment, et les chiffrerait au besoin. Il se fait le langage des genres, comme on se fait le masque des visages. Il peut écrire la comédie et l'oraison funèbre, le roman et l'histoire, l'épître et la tragédie, le couplet et le discours politique. Il monte de la grammaire à l'œuvre, au lieu de descendre de l'inspiration au style ; il sait façonner tout dans un goût vulgaire et joli, et peut tout ciseler avec agrément, jusqu'à l'éloquence de la passion. — C'est L'HOMME DE LETTRES.

Cet homme est toujours aimé, toujours compris, toujours en vue ; comme il est léger et ne pèse à personne, il est porté dans tous les bras où il veut aller ; c'est l'aimable roi du moment, tel que le dix-huitième siècle en a tant couronné. — Cet homme n'a nul besoin de pitié.

Au-dessus de lui est un homme d'une nature plus forte et meilleure. Une conviction profonde et grave est la source où il puise ses œuvres et les répand à larges flots sur un sol dur et souvent ingrat. Il a médité dans la retraite sa philosophie entière ; il la voit tout d'un coup d'œil ; il la tient dans sa main comme une chaîne, et peut dire à quelle pensée il va suspendre son premier anneau, à laquelle aboutira le dernier, et quelles œuvres pourront s'attacher à tous les autres dans l'avenir. Sa mémoire est riche, exacte et presque infaillible; son jugement est sain, exempt de troubles autres que ceux qu'il cherche, de passions autres que ses colères contenues; il est studieux et calme. Son génie, c'est l'attention portée au degré le plus élevé, c'est le bon sens à sa plus magnifique expression. Son langage est juste, net, franc, grand dans son allure et vigoureux dans ses coups. Il a surtout besoin d'ordre et de clarté, ayant toujours en vue le peuple auquel il parle et la voie où il conduit ceux qui croient en lui. L'ardeur d'un combat perpétuel enflamme sa vie et ses écrits. Son cœur a de grandes révoltes et des haines larges et sublimes qui le rongent en secret, mais que domine et dissimule son exacte raison. Après tout, il marche le pas qu'il veut, sait jeter des semences à une grande profondeur, et attendre qu'elles aient germé dans une immobilité effrayante. Il est maître de lui et de beaucoup d'âmes qu'il entraine du nord au sud, selon son bon vouloir; il tient un peuple dans sa main, et l'opinion qu'on a de lui le tient dans le respect de lui-même et l'oblige à surveiller sa vie. — C'est le véritable, LE GRAND ÉCRIVAIN.

Celui-là n'est pas malheureux; il a ce qu'il a voulu avoir; il sera toujours combattu, mais avec des armes courtoises; et, quand il donnera des armistices à ses ennemis, il recevra les hommages des deux camps. Vainqueur ou vaincu, son front est couronné. Il n'a nul besoin de votre pitié.

Mais il est une autre sorte de nature, nature plus passionnée, plus pure et plus rare. Celui qui vient d'elle est inhabile à tout ce qui n'est pas l'œuvre divine, et vient au monde à de rares intervalles, heureusement pour lui, malheureusement pour l'espèce humaine. Il y vient pour être à charge aux autres, quand il appartient complètement à cette race exquise et puissante qui fut celle des grands hommes inspirés. — L'émotion est née avec lui si profonde et si intime, qu'elle l'a plongé, dès l'enfance, dans des extases involontaires, dans des rêveries interminables, dans des inventions infinies. L'imagination le possède par-dessus tout. Puissamment construite, son âme retient et juge toute chose avec une large mémoire et un sens droit et pénétrant; mais l'imagination emporte ses facultés vers le ciel aussi irrésistiblement que le ballon enlève la nacelle. Au moindre choc, elle part; au plus petit souffle, elle vole et ne cesse d'errer dans l'espace qui n'a pas de routes humaines. Fuite sublime vers des mondes inconnus, vous devenez l'habitude invincible de son âme! Dès lors, plus de rapports avec les hommes qui ne soient altérés et rompus sur quelques points. Sa sensibilité est devenue trop vive; ce qui ne fait qu'effleurer les autres la blesse jusqu'au sang; les affections et les tendresses de sa vie sont écrasantes et disproportionnées; ses enthousiasmes excessifs l'égarent; ses sympathies sont trop vraies; ceux qu'il plaint souffrent moins que lui, et il se meurt des peines des autres. Les dégoûts, les froissements et les résistances de la société humaine le jettent dans des abattements profonds, dans de noires indignations, dans des désolations insurmontables, parce qu'il comprend tout trop complètement et trop profondément, et parce que son œil va droit aux causes qu'il déplore ou dédaigne, quand d'autres yeux s'arrêtent à l'effet qu'ils combattent. De la sorte, il se tait, s'éloigne, se retourne sur lui-même et s'y renferme comme dans un cachot. Là, dans l'intérieur de sa tête brûlée, se forme et s'accroit quelque chose de pareil à un volcan. Le feu couve sourdement et lentement dans ce cratère, et laisse échapper ses laves harmonieuses, qui d'elles-mêmes sont jetées dans la divine forme des vers. Mais le jour de l'éruption, le sait-il? On dirait qu'il assiste en étranger à ce qui se passe en lui-même, tant cela est imprévu et céleste! Il marche consumé par des ardeurs secrètes et des langueurs inexplicables. Il va comme un malade et ne sait où il va; il s'égare trois jours, sans savoir où il s'est traîné, comme fit jadis celui qu'aime le mieux la France; il a besoin de ne rien faire, pour faire quelque chose en son art. Il faut qu'il ne fasse rien d'utile et de journalier pour avoir le temps d'écouter les accords qui se forment lentement dans son âme, et que le bruit grossier d'un travail positif et régulier interrompt et fait infailliblement évanouir. — C'est LE POÈTE. — Celui-là est retranché dès qu'il se montre : toutes vos larmes, toute votre pitié pour lui!

Pardonnez-lui et sauvez-le. Cherchez et trouvez pour lui une vie assurée, car à lui seul il ne saura trouver que la mort! — C'est dans la première jeunesse qu'il sent sa force naître, qu'il pressent l'avenir de son génie, qu'il étreint d'un amour immense l'humanité et la nature, et c'est alors qu'on se défie de lui et qu'on le repousse.

Il crie à la multitude : « C'est à vous que je parle, faites que je vive! » Et la multitude ne l'entend pas; elle répond : « Je ne te comprends point! » Et elle a raison.

Car son langage choisi n'est compris que d'un petit nombre d'hommes choisi lui-même. Il leur crie : « Écoutez-moi, et faites que je vive! » Mais les uns sont enivrés de leurs propres œuvres, les autres sont dédaigneux et veulent dans l'enfant la perfection de l'homme, la plupart sont distraits et indifférents, tous sont impuissants à faire le bien. Ils répondent : « Nous ne pouvons rien ! » Et ils ont raison.

Il crie au pouvoir : « Écoutez-moi, et faites que je ne meure pas. » Mais le pouvoir déclare qu'il ne protège que les intérêts positifs, et qu'il est étranger à l'intelligence, dont il a l'ombrage ; cela hautement déclaré et imprimé, il répond : « Que ferais-je de vous ? » Et il a raison. Tout le monde a raison contre lui. Et lui, a-t-il tort ? — Que faut-il qu'il fasse ? Je ne sais ; mais voici ce qu'il peut faire.

Il peut, s'il a de la force, se faire soldat et passer sa vie sous les armes ; une vie agitée, grossière, où l'activité physique tuera l'activité morale. Il peut, s'il en a la patience, se condamner aux travaux du chiffre, où le calcul tuera l'illusion. Il peut encore, si son cœur ne se soulève pas trop violemment, courber et amoindrir sa pensée, et cesser de chanter pour écrire. Il peut être Homme de lettres, ou mieux encore ; si la philosophie vient à son aide et s'il peut se dompter, il deviendra utile et grand écrivain ; mais, à la longue, le jugement aura tué l'imagination, et avec elle, hélas ! le vrai Poème qu'elle portait dans son sein.

Dans tous les cas, il tuera une partie de lui-même ; mais, pour ces demi-suicides, pour ces immenses résignations, il faut encore une force rare. Si elle ne lui a pas été donnée, cette force, ou si les occasions de l'employer ne se trouvent pas sur sa route, et lui manquent, même pour s'immoler ; si, plongé dans cette lente destruction de lui-même, il ne s'y peut tenir, quel parti prendre ?

Celui que prit Chatterton : se tuer tout entier ; il reste peu à faire.

Le voilà donc criminel! criminel devant Dieu et les hommes. Car LE SUICIDE EST UN CRIME RELIGIEUX ET SOCIAL. *Qui veut le nier? qui pense à dire autre chose? — C'est ma conviction, comme c'est, je crois, celle de tout le monde. Voilà qui est bien entendu. — Le devoir et la raison le disent. Il ne s'agit que de savoir si le désespoir n'est pas quelque chose d'un peu plus fort que la raison et le devoir.*

Certes, on trouverait des choses bien sages à dire à Roméo sur la tombe de Juliette; mais le malheur est que personne n'oserait ouvrir la bouche pour les prononcer devant une telle douleur. Songez à ceci! la Raison est une puissance froide et lente qui nous lie peu à peu par les idées qu'elle apporte l'une après l'autre, comme les liens subtils, déliés et innombrables de Gulliver; elle persuade, elle impose quand le cours ordinaire des jours n'est que peu troublé; mais le Désespoir véritable est une puissance dévorante, irrésistible, hors des raisonnements, et qui commence par la pensée d'un seul coup. Le Désespoir n'est pas une idée; c'est une chose, une chose qui torture, qui serre et qui broie le cœur d'un homme comme une tenaille, jusqu'à ce qu'il soit fou et se jette dans la mort comme dans les bras d'une mère.

Est-ce lui qui est coupable, dites-le moi? ou bien est-ce la société qui le traque ainsi jusqu'au bout?

Examinons ceci; on peut trouver que c'en est la peine.

Il y a un jeu atroce, commun aux enfants du Midi; tout le monde le sait. On forme un cercle de charbons ardents; on saisit un scorpion avec des pinces et on le pose au centre. Il demeure d'abord immobile jusqu'à ce que la chaleur le brûle; alors il s'effraye et s'agite. On rit. Il se décide vite, marche droit à la flamme, et tente courageusement de se frayer une route à travers les charbons; mais la douleur est excessive, il se retire. On rit. Il fait lentement le tour du cercle et cherche partout un passage impossible. Alors il revient au centre et rentre dans sa première mais plus sombre immobilité. Enfin, il prend son parti, retourne contre lui-même son dard empoisonné, et tombe mort sur-le-champ. On rit plus fort que jamais.

C'est lui sans doute qui est cruel et coupable, et ces enfants sont bons et innocents.

Quand un homme meurt de cette manière, est-il donc suicide? C'est la société qui le jette dans le brasier.

Je le répète, la religion et la raison, idées sublimes, sont des idées cependant, et il y a telle cause de désespoir extrême qui tue les idées d'abord et l'homme ensuite : la faim, par exemple. — J'espère être assez positif. Ceci n'est pas de l'idéologie.

Il me sera donc permis peut-être de dire timidement qu'il serait bon de ne pas laisser un homme arriver jusqu'à ce degré de désespoir.

Je ne demande à la société que ce qu'elle peut faire. Je ne la prierai point d'empêcher les peines de cœur et les infortunes idéales, de faire que Werther et Saint-Preux n'aiment ni Charlotte ni Julie d'Étanges; je ne la prierai pas d'empêcher qu'un riche désœuvré, roué et blasé, ne quitte la vie par dégoût de lui-même et des autres. Il y a, je le sais, mille idées de désolation auxquelles on ne peut rien. — Raison de plus, ce me semble, pour penser à celles auxquelles on peut quelque chose.

L'infirmité de l'inspiration est peut-être ridicule et

malséante; je le veux. Mais on pourrait ne pas laisser mourir cette sorte de malades. Ils sont toujours peu nombreux, et je ne puis me refuser à croire qu'ils ont quelque valeur, puisque l'humanité est unanime sur leur grandeur, et les déclare immortels sur quelques vers : quand ils sont morts, il est vrai.

Je sais bien que la rareté même de ces hommes inspirés et malheureux semblera prouver contre ce que j'ai écrit. — Sans doute, l'ébauche imparfaite que j'ai tentée de ces natures divines ne peut retracer que quelques traits des grandes figures du passé. On dira que les symptômes du génie se montrent sans enfantement ou ne produisent que des œuvres avortées; que tout homme jeune et rêveur n'est pas poëte pour cela; que des essais ne sont pas des preuves; que quelques vers ne donnent pas des droits. — Et qu'en savons-nous? Qui donc nous donne à nous-même le droit d'étouffer le gland en disant qu'il ne sera pas chêne?

Je dis, moi, que quelques vers suffiraient à les reconnaitre de leur vivant, si l'on savait y regarder. Qui ne dit à présent qu'il eût donné tout au moins une pension alimentaire à André Chénier sur l'ode de la Jeune Captive seulement, et l'eût déclaré poëte sur les trente vers de Myrto? Mais je suis assuré que, durant sa vie (et il n'y a pas longtemps de cela), on ne pensait pas ainsi; car il disait:

> Las du mépris des sots qui suit la pauvreté,
> Je regarde la tombe, asile souhaité.

Jean La Fontaine a gravé pour vous d'avance sur sa pierre avec son insouciance désespérée:

> Jean s'en alla comme il était venu,
> Mangeant son fonds avec son revenu.

Mais, sans ce fonds, qu'eût-il fait? à quoi, s'il vous plaît, était-il bon? Il vous le dit : à dormir et ne rien faire. Il fût infailliblement mort de faim.

Les beaux vers, il faut dire le mot, sont une marchandise qui ne plaît pas au commun des hommes. Or, la multitude seule multiplie le salaire; et, dans les plus belles des nations, la multitude ne cesse qu'à la longue d'être commune dans ses goûts et d'aimer ce qui est commun. Elle ne peut arriver qu'après une lente instruction donnée par les esprits d'élite; et, en attendant, elle écrase sous tous ses pieds les talents naissants, dont elle n'entend même pas les cris de détresse.

Eh! n'entendez-vous pas le bruit des pistolets solitaires? Leur explosion est bien plus éloquente que ma faible voix. N'entendez-vous pas ces jeunes désespérés qui demandent le pain quotidien, et dont personne ne paye le travail? Eh quoi! les nations manquent-elles à ce point de superflu? Ne prendrons-nous pas, sur les palais et les milliards que nous donnons, une mansarde et un pain pour ceux qui tentent sans cesse d'idéaliser leur nation malgré elle? Cesserons-nous de leur dire : « Désespère et meurs; despair and die? » — C'est au législateur à guérir cette plaie, l'une des plus vives et des plus profondes de notre corps social; c'est à lui qu'il appartient de réaliser dans le présent une partie des jugements meilleurs de l'avenir, en assurant quelques années d'existence seulement à tout homme qui aurait donné un seul gage du talent divin. Il ne lui faut que deux choses : la vie et la rêverie, le PAIN et le TEMPS.

Voilà le sentiment et le vœu qui m'a fait écrire ce drame; je ne descendrai pas de cette question à celle de la forme d'art que j'ai créée. La vanité la plus vaine est peut-être celle des théories littéraires. Je ne cesse de m'étonner qu'il y ait eu des hommes qui aient pu croire de bonne foi, durant un jour entier, à la durée des règles qu'ils écrivaient. Une idée vient au monde tout armée, comme Minerve; elle revêt en naissant la seule armure qui lui convienne et qui doive dans l'avenir être sa forme durable : l'une, aujourd'hui, aura un vêtement composé de mille pièces; l'autre, demain, un vêtement simple. Si elle paraît belle à tous, on se hâte de calquer sa forme et de prendre sa mesure; les rhéteurs notent ses dimensions pour qu'à l'avenir on en taille de semblables. Soin puéril ! — Il n'y a ni maître ni école en poésie; le seul maître, c'est celui qui daigne faire descendre dans l'homme l'émotion féconde, et faire sortir les idées de nos fronts, qui en sont brisés quelquefois.

Puisse cette forme ne pas être renversée par l'assemblée qui la jugera dans six mois! Avec elle périrait un plaidoyer en faveur de quelques infortunés inconnus; mais je crois trop pour craindre beaucoup. — Je crois surtout à l'avenir et au besoin universel de choses sérieuses; maintenant que l'amusement des yeux par des surprises enfantines fait sourire tout le monde au milieu même de ses grandes aventures, c'est, ce me semble, le temps du DRAME DE LA PENSÉE.

Une idée qui est l'examen d'une blessure de l'âme devait avoir dans sa forme l'unité la plus complète, la simplicité la plus sévère. S'il existait une intrigue moins compliquée que celle-ci, je la choisirais. L'action matérielle est assez peu de chose pourtant. Je ne crois pas que personne la réduise à une plus simple expression que, moi-même, je ne le vais faire : — C'est l'histoire d'un homme qui a écrit une lettre le matin, et qui attend la réponse jusqu'au soir ; elle arrive, et le tue. — Mais ici, l'action morale est tout. L'action est dans cette âme livrée à de noires tempêtes ; elle est dans les cœurs de cette jeune femme et de ce vieillard qui assistent à la tourmente, cherchant en vain à retarder le naufrage, et luttent contre un ciel et une mer si terribles que le bien est impuissant, et entraîné lui-même dans le désastre inévitable.

J'ai voulu montrer l'homme spiritualiste étouffé par une société matérialiste, où le calculateur avare exploite sans pitié l'intelligence et le travail. Je n'ai point prétendu justifier les actes désespérés des malheureux, mais protester contre l'indifférence qui les y contraint. Peut-on frapper trop fort sur l'indifférence si difficile à éveiller, sur la distraction si difficile à fixer ? Y a-t-il un autre moyen de toucher la société que de lui montrer la torture de ses victimes ?

Le Poète était tout pour moi ; Chatterton n'était qu'un nom d'homme, et je viens d'écarter à dessein des faits exacts de sa vie pour ne prendre de sa destinée que ce qui la rend un exemple à jamais déplorable d'une noble misère.

Toi que tes compatriotes appellent aujourd'hui merveilleux enfant ! que tu aies été juste ou non, tu as été malheureux ; j'en suis certain, et cela me suffit. — Ame désolée, pauvre âme de dix-huit ans ! pardonne-moi de prendre pour symbole le nom que tu portais sur la terre, et de tenter le bien en ton nom.

Écrit du 29 au 30 Juin 1834.

CHATTERTON

PERSONNAGES

ET DISTRIBUTION DES RÔLE

TELLE QU'ELLE EUT LIEU A LA COMÉDIE-FRANÇAISE

Le 12 février 1835

CHATTERTON.	M. GEFFROY.
UN QUAKER.	M. JOANNY.
KITTY BELL.	Mme DORVAL.
JOHN BELL.	M. GUIAUD.
LORD BECKFORD (lord maire de Londres).	M. DUPARAY.
LORD TALBOT.	M. MIRECOUR.
LORD LAUDERDALE.	M. MATHIEN.
LORD KINGSTON.	M. WELSCH.
UN GROOM.	M. MONLAUR.
UN OUVRIER.	M. FAURE.

Rachel, fille de Kitty Bell, âgée de six ans.
Son frère, jeune garçon de quatre ans.
Trois jeunes Lords.
Douze Ouvriers de la fabrique de John Bell.
Domestiques du lord maire.
Domestiques de John Bell.
Un groom.

CARACTÈRES et COSTUMES

DES ROLES PRINCIPAUX

Époque : 1770

LA SCÈNE EST A LONDRES

CHATTERTON.

CARACTÈRE.

Jeune homme de dix-huit ans, pâle, énergique de visage, faible de corps, épuisé de veilles et de pensées, simple et élégant à la fois dans ses manières, timide et tendre devant Kitty Bell, amical et bon avec le quaker, fier avec les autres, et sur la défensive avec tout le monde ; grave et passionné dans l'accent et le langage.

COSTUME.

Habit noir, veste noire, pantalon gris, bottes molles, cheveux bruns, sans poudre, tombant un peu en désordre; l'air à la fois militaire et ecclésiastique.

KITTY BELL.

CARACTÈRE.

Jeune femme de vingt-deux ans environ, mélancolique, gracieuse, élégante par nature plus que par éducation, réservée, religieuse, timide dans ses manières, tremblante devant son mari, expansive et abandonnée seulement dans son amour maternel. Sa pitié pour Chatterton va devenir de l'amour, elle le sent, elle en frémit; la réserve qu'elle s'impose en devient plus grande; tout doit indiquer, dès qu'on la voit, qu'une douleur imprévue et une subite terreur peuvent la faire mourir tout à coup.

COSTUME.

Chapeau de velours noir, de ceux qu'on nomme à la Paméla; robe longue, de soie grise; rubans noirs; longs cheveux bouclés dont les repentirs flottent sur le sein.

LE QUAKER.

CARACTÈRE.

Vieillard de quatre-vingts ans, sain et robuste de corps et d'âme, énergique et chaleureux dans son accent, d'une bonté paternelle pour ceux qui l'entourent, les surveillant en silence et les dirigeant sans vouloir les heurter; humoriste et misanthropique lorsqu'il voit les vices de la société; irrité contre elle et indulgent pour chaque homme en particulier, il ne se sert de son esprit mordant que lorsque l'indignation l'emporte; son regard est pénétrant, mais il feint de n'avoir rien vu pour être maître de sa conduite; ami de la maison et attentif à l'accomplissement de tous les devoirs et au maintien de l'ordre et de la paix, chacun en secret l'avoue pour directeur de son âme et de sa vie.

COSTUME.

Habit, veste, culotte, bas couleur noisette, brun clair ou gris; grand chapeau rond à larges bords; cheveux blancs aplatis et tombants.

JOHN BELL.

CARACTÈRE.

Homme de quarante-cinq à cinquante ans, vigoureux, rouge de visage, gonflé d'ale, de porter et de roastbeef, étalant dans sa démarche l'aplomb de sa richesse; le regard soupçonneux, dominateur; avare et jaloux, brusque dans ses manières, et faisant sentir le maître à chaque geste et à chaque mot.

COSTUME.

Cheveux plats sans poudre, large et simple habit brun.

LORD BECKFORD.

CARACTÈRE.

Vieillard riche, important; figure de protecteur sot;

les joues orgueilleuses, satisfaites, pendant sur une cravate brodée; un pas ferme et imposant. Rempli d'estime pour la richesse et de mépris pour la pauvreté.

COSTUME.

Collier de lord maire au cou; habit riche, veste de brocart, grande canne à pomme d'or.

LORD TALBOT.

CARACTÈRE.

Fat et bon garçon à la fois, joyeux compagnon, étourdi et vif de manières, ennemi de toute application et heureux surtout d'être délivré de tout spectacle triste et de toute affaire sérieuse.

COSTUME.

Habit de chasse rouge, ceinture de chamois, culotte de peau, cheveux à grosse queue légèrement poudrés, casquette noire vernie.

NOTA. — Les personnages sont placés sur le théâtre dans l'ordre de l'inscription de leurs noms en tête de chaque scène, et il est entendu que les termes de *droite* et de *gauche* s'appliquent au spectateur.

CHATTERTON

ACTE PREMIER

Un vaste appartement ; arrière-boutique opulente et confortable de la maison de John Bell. A gauche du spectateur, une cheminée pleine de charbon de terre allumé. A droite, la porte de la chambre à coucher de Kitty Bell. Au fond, une grande porte vitrée : à travers les petits carreaux, on aperçoit une riche boutique ; un grand escalier tournant conduit à plusieurs portes étroites et sombres, parmi lesquelles se trouve la porte de la petite chambre de Chatterton. Le quaker lit dans un coin de la chambre, à gauche du spectateur. A droite est assise Kitty Bell ; à ses pieds un enfant assis sur un tabouret ; une jeune fille debout à côté d'elle.

SCÈNE PREMIÈRE

LE QUAKER, KITTY BELL, RACHEL

KITTY BELL, *à sa fille qui montre un livre à son frère.*

Il me semble que j'entends parler monsieur; ne faites pas de bruit, enfants.

Au quaker.

Ne pensez-vous pas qu'il arrive quelque chose?

Le quaker hausse les épaules.

Mon Dieu! votre père est en colère! certainement, il est fort en colère; je l'entends bien au son de sa voix. — Ne jouez pas, je vous en prie, Rachel.

Elle laisse tomber son ouvrage et écoute.

Il me semble qu'il s'apaise, n'est-ce pas, monsieur?

Le quaker fait signe que oui, et continue sa lecture.

N'essayez pas ce petit collier, Rachel; ce sont des vanités du monde que nous ne devons pas même toucher... Mais qui donc vous a donné ce livre-là? C'est une Bible; qui vous l'a donnée, s'il vous plaît?

Je suis sûre que c'est le jeune monsieur qui demeure ici depuis trois mois.

RACHEL.

Oui, maman.

KITTY BELL.

Oh! mon Dieu! qu'a-t-elle fait là! — Je vous ai défendu de rien accepter, ma fille, et rien surtout de ce pauvre jeune homme. — Quand l'avez-vous vu, mon enfant? Je sais que vous êtes allée ce matin, avec votre frère, l'embrasser dans sa chambre. Pourquoi êtes-vous entrés chez lui, mes enfants? C'est bien mal!

Elle les embrasse.

Je suis certaine qu'il écrivait encore; car, depuis hier au soir, sa lampe brûlait toujours.

RACHEL.

Oui, il pleurait.

KITTY BELL.

Il pleurait! Allons, taisez-vous! ne parlez de cela à personne. Vous irez rendre ce livre à monsieur Tom quand il vous appellera; mais ne le dérangez jamais, et ne recevez de lui aucun présent. Vous voyez que, depuis trois mois qu'il loge ici, je ne lui ai même pas parlé une fois, et vous avez accepté quelque chose, un livre. Ce n'est pas bien. — Allez... allez embrasser le bon quaker. — Allez, c'est bien le meilleur ami que Dieu nous ait donné.

Les enfants courent s'asseoir sur les genoux du quaker.

LE QUAKER.

Venez sur mes genoux tous deux, et écoutez-moi bien. — Vous allez dire à votre bonne petite mère que son cœur est simple, pur et véritablement chrétien, mais qu'elle est plus enfant que vous dans sa conduite, qu'elle n'a pas assez réfléchi à ce qu'elle vient de vous ordonner, et que je la prie de considérer que rendre à un malheureux le cadeau qu'il a fait, c'est l'humilier et lui faire mesurer toute sa misère.

KITTY BELL, *s'élançant de sa place.*

Oh! il a raison! il a mille fois raison! — Donnez, donnez-moi ce livre, Rachel. — Il faut le garder, ma fille! le garder toute ta vie. — Ta mère s'est trompée. — Notre ami a toujours raison.

LE QUAKER, *ému et lui baisant la main.*

Ah! Kitty Bell! Kitty Bell! âme simple et tourmentée! — Ne dis point cela de moi. — Il n'y a pas de sagesse humaine. — Tu le vois bien, si j'avais raison au fond, j'ai eu tort dans la forme. — Devais-je avertir les enfants de l'erreur légère de leur mère? Il n'y a pas, ô Kitty Bell, il n'y a pas si belle pensée à laquelle ne soit supérieur un des élans de ton cœur chaleureux, un des soupirs de ton âme tendre et modeste.

On entend une voix tonnante.

KITTY BELL, *effrayée.*

Oh! mon Dieu! encore en colère! — La voix de leur père me répond là!

Elle porte la main à son cœur.

Je ne puis plus respirer. — Cette voix me brise le cœur. — Que lui a-t-on fait? Encore une colère comme hier au soir...

Elle tombe sur un fauteuil.

J'ai besoin d'être assise. — N'est-ce pas comme un orage qui vient? et tous les orages tombent sur mon pauvre cœur.

LE QUAKER.

Ah! je sais ce qui monte à la tête de votre seigneur et maître : c'est une querelle avec les ouvriers de sa fabrique. — Ils viennent de lui envoyer, de Norton à Londres, une députation pour demander la grâce d'un de leurs compagnons. Les pauvres gens ont fait bien vainement une lieue à pied! Retirez-vous tous les trois... Vous êtes inutiles ici. — Cet homme-là vous tuera... c'est une espèce de vautour qui écrase sa couvée.

Kitty Bell sort, la main sur son cœur, en s'appuyant sur la tête de son fils, qu'elle emmène avec Rachel.

SCÈNE II

LE QUAKER, JOHN BELL, UN GROUPE D'OUVRIERS.

LE QUAKER, *regardant arriver John Bell.*

Le voilà en fureur... Voilà l'homme riche, le spéculateur heureux ; voilà l'égoïste par excellence, le juste selon la loi.

JOHN BELL. *Vingt ouvriers le suivent en silence, et s'arrêtent contre la porte.*

Aux ouvriers avec colère.

Non, non, non, non ! — Vous travaillerez davantage, voilà tout.

UN OUVRIER, *à ses camarades.*

Et vous gagnerez moins, voilà tout.

JOHN BELL.

Si je savais qui a répondu cela, je le chasserais sur-le-champ comme l'autre.

LE QUAKER.

Bien dit, John Bell ! tu es beau précisément comme un monarque au milieu de ses sujets.

JOHN BELL.

Comme vous êtes quaker, je ne vous écoute pas, vous ; mais, si je savais lequel de ceux-là vient de parler ! Ah ! l'homme sans foi que celui qui a dit cette parole ! Ne m'avez-vous pas tous vu compagnon parmi vous ? Comment suis-je arrivé au bien-être que l'on me voit ? Ai-je acheté tout d'un coup toutes les maisons de Norton avec sa fabrique ? Si j'en suis le seul maître à présent, n'ai-je pas donné l'exemple du travail et de l'économie ? N'est-ce pas en plaçant les produits de ma journée que j'ai nourri mon année ? Me suis-je montré paresseux ou prodigue dans ma conduite ? — Que chacun agisse ainsi, et il deviendra aussi riche que moi. Les machines diminuent votre salaire, mais elles augmentent le mien ; j'en suis très fâché pour vous, mais très content pour moi. Si les machines vous appartenaient, je trouverais très bon que leur production vous appartînt ; mais j'ai acheté les mécaniques avec l'argent que mes bras ont gagné : faites de même, soyez laborieux et surtout économes. Rappelez-vous bien ce sage proverbe de nos pères : *Gardons bien les sous, les schellings se gardent eux-mêmes.* Et à présent, qu'on ne me parle plus de Tobie ; il est chassé pour toujours. Retirez-vous sans rien dire, parce que le premier qui parlera sera chassé, comme lui, de la fabrique, et n'aura ni pain, ni logement, ni travail dans le village.

Ils sortent.

LE QUAKER.

Courage, ami! je n'ai jamais entendu au parlement un raisonnement plus sain que le tien.

JOHN BELL *revient encore irrité et s'essuyant le visage.*

Et vous, ne profitez pas de ce que vous êtes quaker pour troubler tout, partout où vous êtes. — Vous parlez rarement, mais vous devriez ne parler jamais. Vous jetez au milieu des actions des paroles qui sont comme des coups de couteau.

LE QUAKER.

Ce n'est que du bon sens, maître John; et quand les hommes sont fous, cela leur fait mal à la tête. Mais je n'en ai pas de remords; l'impression d'un mot vrai ne dure pas plus que le temps de le dire; c'est l'affaire d'un moment.

JOHN BELL.

Ce n'est pas là mon idée: vous savez que j'aime assez à raisonner avec vous sur la politique; mais vous mesurez tout à votre toise, et vous avez tort. La secte de vos quakers est déjà une exception dans la chrétienté, et vous êtes vous même une exception parmi les quakers. — Vous avez partagé tous vos biens entre vos neveux; vous ne possédez plus rien qu'une chétive subsistance, et vous achevez votre vie dans l'immobilité et la méditation. — Cela vous convient, je le veux; mais ce que je ne veux pas, c'est que, dans ma maison, vous veniez, en public, autoriser mes inférieurs à l'insolence.

LE QUAKER.

Eh! que te fait, je te prie, leur insolence? Le bêlement de moutons t'a-t-il jamais empêché de les tondre et de les manger? — Y a-t-il un seul de ces hommes dont tu ne puisses vendre le lit? Y a-t-il dans le bourg de Norton une seule famille qui n'envoie ses petits garçons et ses filles tousser et pâlir en travaillant tes laines? Quelle maison ne t'appartient pas et n'est chèrement louée par toi? Quelle minute de leur existence ne t'est pas donnée? Quelle goutte de sueur ne te rapporte un schelling? La terre de Norton, avec les maisons et les familles, est portée dans ta main comme le globe dans la main de Charlemagne. — Tu es le baron absolu de ta fabrication féodale.

JOHN BELL.

C'est vrai, mais c'est juste. — La terre est à moi, parce que je l'ai achetée; les maisons, parce que je les ai bâties; les habitants, parce que je les loge; et leur travail, parce que je le paye. Je suis juste selon la loi.

LE QUAKER.

Et ta loi, est-elle juste selon Dieu?

JOHN BELL.

Si vous n'étiez pas quaker, vous seriez pendu pour parler ainsi.

LE QUAKER.

Je me pendrais moi-même plutôt que de parler autrement, car j'ai pour toi une amitié véritable.

JOHN BELL.

S'il n'était vrai, docteur, que vous êtes mon ami depuis vingt ans et que vous avez sauvé un de mes enfants, je ne vous reverrais jamais.

LE QUAKER.

Tant pis, car je ne te sauverais plus toi-même, quand tu es plus aveuglé par la folie jalouse des spéculateurs que les enfants par la faiblesse de leur âge. — Je désire que tu ne chasses pas ce malheureux ouvrier. — Je ne te le demande pas, parce que je n'ai jamais rien demandé à personne, mais je te le conseille.

JOHN BELL.

Ce qui est fait est fait. — Que n'agissent-ils tous comme moi! — Que tout travaille et serve dans leur famille. — Ne fais-je pas travailler ma femme, moi? — Jamais on ne la voit, mais elle est ici tout le jour; et, tout en baissant les yeux, elle s'en sert pour travailler beaucoup. — Malgré mes ateliers et fabriques aux environs de Londres, je veux qu'elle continue à diriger du fond de ses appartements cette maison de plaisance, où viennent les lords, au retour du parlement, de la chasse ou de Hyde-Park. Cela me fait de bonnes relations que j'utilise plus tard. — Tobie était un ouvrier habile, mais sans prévoyance. — Un calculateur véritable ne laisse rien subsister d'inutile autour de lui. — Tout doit rapporter, les choses animées et inanimées. — La terre est féconde et l'argent est aussi fertile, et le temps rapporte l'argent. — Or, les femmes ont des années comme nous; donc, c'est perdre un bon revenu que de laisser passer ce temps sans emploi. — Tobie a laissé sa femme et ses filles dans la paresse; c'est un malheur très grand pour lui, je n'en suis pas responsable.

LE QUAKER.

Il s'est rompu le bras dans une de tes machines.

JOHN BELL.

Oui, et même il a rompu la machine.

LE QUAKER.

Et je suis sûr que dans ton cœur tu regrettes plus le ressort de fer que le ressort de chair et de sang : va, ton cœur est d'acier comme tes mécaniques. — La Société deviendra comme ton cœur, elle aura pour dieu un lingot d'or et pour souverain pontife un usurier juif. — Mais ce n'est pas ta faute, tu agis fort bien selon ce que tu as trouvé autour de toi en venant sur la terre : je ne t'en veux pas du tout, tu as été conséquent, c'est une qualité rare. — Seulement, si tu ne veux pas me laisser parler, laisse-moi lire.

Il reprend son livre, et se retourne dans son fauteuil.

JOHN BELL *ouvrant la porte de sa femme avec force.*

Mistress Bell! venez ici.

- -

SCÈNE III

LES MÊMES, KITTY BELL.

KITTY BELL, *avec effroi, tenant ses enfants par la main. Ils se cachent dans la robe de leur mère par crainte de leur père.*

Me voici.

JOHN BELL.

Les comptes de la journée d'hier, s'il vous plaît? — Ce jeune homme qui loge là-haut n'a-t-il pas d'autre nom que Tom? ou Thomas?... J'espère qu'il en sortira bientôt.

KITTY BELL.

Elle va prendre un registre sur une table, & le lui apporte.

Il n'a écrit que ce nom-là sur nos registres en louant cette petite chambre. — Voici mes comptes du jour avec ceux des derniers mois.

JOHN BELL.

Il les compte sur le registre.

Catherine! vous n'êtes plus aussi exacte.

Il s'interrompt et la regarde en face avec un air de défiance.

Il veille toute la nuit, ce Tom? — C'est bien étrange. — Il a l'air fort misérable.

Revenant au registre, qu'il parcourt des yeux.

Vous n'êtes plus aussi exacte.

KITTY BELL.

Mon Dieu! pour quelle raison me dire cela?

JOHN BELL.

Ne la soupçonnez-vous pas, mistress Bell?

KITTY BELL.

Serait-ce parce que les chiffres sont mal disposés?

JOHN BELL.

La plus sincère met de la finesse partout. Ne pouvez-vous pas répondre droit et regarder en face?

KITTY BELL.

Mais enfin, que trouvez-vous là qui vous fâche?

JOHN BELL.

C'est ce que je ne trouve pas, qui me fâche, et dont l'absence m'étonne...

KITTY BELL, *avec embarras.*

Mais il n'y a qu'à voir, je ne sais pas bien.

JOHN BELL.

Il manque là cinq ou six guinées; à la première vue, j'en suis sûr.

KITTY BELL.

Voulez-vous m'expliquer comment ?

JOHN BELL, *la prenant par le bras.*

Passez dans votre chambre, s'il vous plaît, vous serez moins distraite. — Les enfants sont désœuvrés, je n'aime pas cela. — Ma maison n'est plus si bien tenue. Rachel est trop décolletée : je n'aime pas cela...

Rachel court se jeter entre les jambes du quaker. John Bell poursuit en s'adressant à Kitty Bell, qui est entrée dans sa chambre à coucher avant lui.

Me voici, me voici ; recommencez cette colonne et multipliez par sept.

Il entre dans la chambre après Kitty Bell.

SCÈNE IV

LE QUAKER, RACHEL.

RACHEL.

J'ai peur!

LE QUAKER.

De frayeur en frayeur, tu passeras ta vie d'esclave. Peur de ton père, peur de ton mari un jour, jusqu'à la délivrance.

> *Ici on voit Chatterton sortir de sa chambre et descendre lentement l'escalier. Il s'arrête et regarde le vieillard et l'enfant.*

Joue, belle enfant, jusqu'à ce que tu sois femme; oublie jusque-là, et, après, oublie encore si tu peux. Joue toujours et ne réfléchis jamais. Viens sur mon genou. — Là! — Tu pleures! tu caches ta tête dans ma poitrine. Regarde, regarde, voilà ton ami qui descend.

SCÈNE V

LE QUAKER, RACHEL, CHATTERTON.

CHATTERTON, *après avoir embrassé Rachel, qui court au devant de lui, donne la main au quaker.*

Bonjour, mon sévère ami.

LE QUAKER.

Pas assez comme ami et pas assez comme médecin. Ton âme te ronge le corps. Tes mains sont brûlantes et ton visage est pâle. — Combien de temps espères-tu vivre ainsi ?

CHATTERTON.

Le moins possible. — Mistress Bell n'est-elle pas ici ?

LE QUAKER.

Ta vie n'est-elle donc utile à personne ?

CHATTERTON.

Au contraire, ma vie est de trop à tout le monde.

LE QUAKER.

Crois-tu fermement ce que tu dis?

CHATTERTON.

Aussi fermement que vous croyez à la charité chrétienne.

Il sourit avec amertume.

LE QUAKER.

Quel âge as-tu donc? Ton cœur est pur et jeune comme celui de Rachel, et ton esprit expérimenté est vieux comme le mien.

CHATTERTON.

J'aurai demain dix-huit ans.

LE QUAKER.

Pauvre enfant!

CHATTERTON.

Pauvre, oui. — Enfant, non... J'ai vécu mille ans!

LE QUAKER.

Ce ne serait pas assez pour savoir la moitié de ce qu'il y a de mal parmi les hommes. — Mais la science universelle, c'est l'infortune.

CHATTERTON.

Je suis donc bien savant!... Mais j'ai cru que mistress Bell était ici. — Je viens d'écrire une lettre qui m'a bien coûté.

LE QUAKER.

Je crains que tu ne sois trop bon. Je t'ai bien dit de prendre garde à cela. Les hommes sont divisés en deux parts : martyrs et bourreaux. Tu seras toujours martyr de tous, comme la mère de cette enfant-là.

CHATTERTON, *avec un élan violent.*

La bonté d'un homme ne le rend victime que jusqu'où il le veut bien, et l'affranchissement est dans sa main.

LE QUAKER.

Qu'entends-tu par là ?

CHATTERTON, *embrassant Rachel, dit de la voix la plus tendre.*

Voulons-nous faire peur à cette enfant? et si près de l'oreille de sa mère.

LE QUAKER.

Sa mère a l'oreille frappée d'une voix moins douce que la tienne, elle n'entendrait pas. — Voilà trois fois qu'il la demande !

CHATTERTON, *s'appuyant sur le fauteuil où le quaker est assis.*

Vous me grondez toujours; mais dites-moi seulement pourquoi on ne se laisserait pas aller à la pente de son caractère, dès qu'on est sûr de quitter la partie quand la lassitude viendra? Pour moi, j'ai résolu de ne me point masquer et d'être moi-même jusqu'à la fin, d'écouter, en tout, mon cœur dans ses épanchements comme dans ses indignations, et de me résigner à bien accomplir ma loi. A quoi bon feindre le rigorisme, quand on est indulgent? On verrait un sourire de pitié sous ma sévérité factice, et je ne saurais trouver un voile qui ne fût transparent... On me trahit de tout côté, je le vois, et me laisse tromper par dédain de moi-même, par ennui de prendre ma défense. J'envie quelques hommes en voyant le plaisir qu'ils trouvent à triompher de moi par des ruses grossières; je les vois de loin en ourdir les fils, et je ne me baisserais pas pour en rompre un seul, tant je suis devenu indifférent à ma vie. Je suis d'ailleurs assez vengé par leur abaissement, qui m'élève à mes yeux, et il me semble que la Providence ne peut laisser aller longtemps les choses de la sorte. N'avait-elle pas son but en me créant? Ai-je le droit de me roidir contre elle pour réformer la nature? Est-ce à moi de démentir Dieu?

LE QUAKER.

En toi, la rêverie continuelle a tué l'action.

CHATTERTON.

Eh! qu'importe, si une heure de cette rêverie produit plus d'œuvres que vingt jours de l'action des autres! Qui peut juger entre eux et moi? N'y a-t-il pour l'homme que le travail du corps? et le labeur de la tête n'est-il pas digne de quelque pitié? Eh! grand Dieu! la seule science de l'esprit, est-ce la science des nombres? Pythagore est-il le dieu du monde? Dois-je dire à l'inspiration ardente: « Ne viens pas, tu es inutile? »

LE QUAKER.

Elle t'a marqué au front de son caractère fatal. Je ne te blâme pas, mon enfant, mais je te pleure.

CHATTERTON.

Il s'assied.

Bon quaker, dans votre société fraternelle et spiritualiste, a-t-on pitié de ceux que tourmente la passion de la pensée? Je le crois; je vous vois indulgent pour moi, sévère pour tout le monde: cela me calme un peu.

Ici Rachel va s'asseoir sur les genoux de Chatterton.

En vérité, depuis trois mois, je suis presque heureux ici: on n'y sait pas mon nom, on ne m'y parle pas de moi, et je vois de beaux enfants sur mes genoux.

LE QUAKER.

Ami, je t'aime pour ton caractère sérieux. Tu serais digne de nos assemblées religieuses, où l'on ne voit pas l'agitation des papistes, adorateurs d'images, où l'on n'entend pas les chants puérils des protestants. Je t'aime, parce que je devine que le monde te hait. Une âme contemplative est à charge à tous les désœuvrés remuants qui couvrent la terre: l'imagination et le recueillement sont deux maladies dont personne n'a pitié! — Tu ne sais seulement pas les noms des ennemis secrets qui rôdent autour de toi; mais j'en sais qui te haïssent d'autant plus qu'ils ne te connaissent pas.

CHATTERTON, *avec chaleur.*

Et cependant n'ai-je pas quelque droit à l'amour de mes frères, moi qui travaille pour eux nuit et jour; moi qui cherche avec tant de fatigues, dans les ruines nationales, quelques fleurs de poésie dont je puisse extraire un parfum durable; moi qui veux ajouter une perle de plus à la couronne d'Angleterre, et qui plonge dans tant de mers et de fleuves pour la chercher?

Ici Rachel quitte Chatterton; elle va s'asseoir sur un tabouret aux pieds du quaker, et regarde des gravures.

Si vous saviez mes travaux!... J'ai fait de ma chambre la cellule d'un cloître; j'ai béni et sanctifié ma vie et ma pensée; j'ai raccourci ma vue, et j'ai éteint devant mes yeux les lumières de notre âge; j'ai fait mon cœur plus simple: je me suis appris le parler enfantin du vieux temps; j'ai écrit, comme le roi Harold au duc Guillaume, en vers à demi saxons et francs; et ensuite, cette muse du dixième siècle, cette muse religieuse, je l'ai placée dans une châsse comme une sainte... Ils l'auraient brisée s'ils l'avaient crue faite de ma main : ils l'ont adorée comme l'œuvre d'un moine qui n'a jamais existé, et que j'ai nommé Rowley.

LE QUAKER.

Oui, ils aiment assez à faire vivre les morts et mourir les vivants.

CHATTERTON.

Cependant on a su que ce livre était fait par moi. On ne pouvait plus le détruire, on l'a laissé vivre; mais il ne m'a donné qu'un peu de bruit, et je ne puis faire d'autre métier que celui d'écrire. — J'ai tenté de me ployer à tout, sans y parvenir. — On m'a parlé de travaux exacts; je les ai abordés, sans pouvoir les accomplir. — Puissent les hommes pardonner à Dieu de m'avoir ainsi créé ! — Est-ce excès de force, ou n'est-ce que faiblesse honteuse ? Je n'en sais rien, mais jamais je ne pus enchaîner dans des canaux étroits et réguliers les débordements tumultueux de mon esprit, qui toujours inondait ses rives malgré moi. J'étais incapable de suivre les lentes opérations des calculs journaliers, j'y renonçai le premier. J'avouai mon esprit vaincu par le chiffre, et j'eus dessein d'exploiter mon corps. Hélas ! mon ami ! autre douleur ! autre humiliation ! — Ce corps, dévoré dès l'enfance par les ardeurs de mes veilles, est trop faible pour les rudes travaux de la mer ou de l'armée, trop faible même pour la moins fatigante industrie.

Il se lève avec une agitation involontaire.

Et d'ailleurs, eussé-je les forces d'Hercule, je trouverais toujours entre moi et mon ouvrage l'ennemie fatale née avec moi, la fée malfaisante trouvée sans doute dans mon berceau, la Distraction, la Poésie ! — Elle se met partout ; elle me donne et m'ôte tout ; elle charme et détruit toute chose pour moi ; elle m'a sauvé... elle m'a perdu !

LE QUAKER.

Et à présent que fais-tu donc ?

CHATTERTON.

Que sais-je ?... J'écris. — Pourquoi ? Je n'en sais rien... Parce qu'il le faut.

Il tombe assis, et n'écoute plus la réponse du quaker. Il regarde Rachel et l'appelle près de lui.

LE QUAKER.

La maladie est incurable !

CHATTERTON.

La mienne ?

LE QUAKER.

Non, celle de l'humanité. — Selon ton cœur, tu prends en bienveillante pitié ceux qui te disent : « Sois un autre homme que celui que tu es ; » moi, selon ma tête, je les ai en mépris, parce qu'ils veulent dire : « Retire-toi de notre soleil ; il n'y a pas de place pour toi. Les guérira qui pourra. » J'espère peu en moi ; mais, du moins, je les poursuivrai.

CHATTERTON, *continuant de parler à Rachel, à qui il a parlé bas pendant la réponse du quaker.*

Et vous ne l'avez plus, votre Bible ? Où est donc votre maman ?

LE QUAKER, *se levant.*

Veux-tu sortir avec moi ?

CHATTERTON, *à Rachel.*

Qu'avez-vous fait de la Bible, miss Rachel ?

LE QUAKER.

N'entends-tu pas le maître qui gronde ? Écoute !

JOHN BELL, *dans la coulisse.*

Je ne le veux pas. — Cela ne se peut pas ainsi. — Non, non, madame.

LE QUAKER, *à Chatterton, en prenant son chapeau et sa canne à la hâte.*

Tu as les yeux rouges, il faut prendre l'air. Viens, la fraîche matinée te guérira de ta nuit brûlante.

CHATTERTON, *regardant venir Kitty Bell.*

Certainement cette jeune femme est fort malheureuse.

LE QUAKER.

Cela ne regarde personne. Je voudrais que per-

sonne ne fût ici quand elle sortira. Donne la clef de
ta chambre. — Elle la trouvera tout à l'heure. Il y
a des choses d'intérieur qu'il ne faut pas avoir l'air
d'apercevoir. — Sortons. — La voilà.

CHATTERTON.

Ah! comme elle pleure!... Vous avez raison... je
ne pourrais pas voir cela... Sortons.

SCÈNE VI

KITTY BELL *entre en pleurant, suivie de*
JOHN BELL.

KITTY BELL, *à Rachel, en la faisant entrer dans la chambre d'où elle sort.*

Allez avec votre frère, Rachel, et laissez-moi ici.

A son mari.

Je vous le demande mille fois, n'exigez pas que
je vous dise pourquoi ce peu d'argent vous manque;
six guinées, est-ce quelque chose pour vous? Considérez bien, monsieur, que j'aurais pu vous le cacher
dix fois en altérant mes calculs. Mais je ne ferais pas
un mensonge, même pour sauver mes enfants, et

j'ai préféré vous demander la permission de garder le silence là-dessus, ne pouvant ni vous dire la vérité, ni mentir, sans faire une méchante action.

JOHN BELL.

Depuis que le ministre a mis votre main dans la mienne, vous ne m'avez pas résisté de cette manière.

KITTY BELL.

Il faut donc que le motif en soit sacré.

JOHN BELL.

Ou coupable, madame.

KITTY BELL, *avec indignation*.

Vous ne le croyez pas!

JOHN BELL.

Peut-être.

KITTY BELL.

Ayez pitié de moi! vous me tuez par de telles scènes.

JOHN BELL.

Bah! vous êtes plus forte que vous ne le croyez.

KITTY BELL.

Ah! n'y comptez pas trop... Au nom de nos pauvres enfants!

JOHN BELL.

Où je vois un mystère je vois une faute.

KITTY BELL.

Et si vous n'y trouviez qu'une bonne action, quel regret pour vous !

JOHN BELL.

Si c'est une bonne action, pourquoi vous être cachée ?

KITTY BELL.

Pourquoi, John Bell ? Parce que votre cœur s'est endurci, et que vous m'auriez empêchée d'agir selon le mien. Et cependant, qui donne au pauvre prête au Seigneur.

JOHN BELL.

Vous feriez mieux de prêter à intérêts sur de bons gages.

KITTY BELL.

Dieu vous pardonne vos sentiments et vos paroles !

JOHN BELL, *marchant dans la chambre à grands pas.*

Depuis quelque temps, vous lisez trop ; je n'aime pas cette manie dans une femme... Voulez-vous être un *bas bleu ?*

KITTY BELL.

Oh! mon ami! en viendrez-vous jusqu'à me dire des choses méchantes, parce que, pour la première fois, je ne vous obéis pas sans restrictions?... Je ne suis qu'une femme simple et faible; je ne sais rien que mes devoirs de chrétienne.

JOHN-BELL.

Les savoir pour ne pas les remplir, c'est une profanation.

KITTY BELL.

Accordez-moi quelques semaines de silence seulement sur ces comptes, et le premier mot qui sortira de ma bouche sera le pardon que je vous demanderai pour avoir tardé à vous dire la vérité. Le second sera le récit exact de ce que j'ai fait.

JOHN BELL.

Je désire que vous n'ayez rien à dissimuler.

KITTY BELL.

Dieu le sait! il n'y a pas une minute de ma vie dont le souvenir puisse me faire rougir.

JOHN BELL.

Et cependant jusqu'ici vous ne m'avez rien caché.

KITTY BELL.

Souvent la terreur nous apprend à mentir.

JOHN BELL.

Vous savez donc faire un mensonge?

KITTY BELL.

Si je le savais, vous prierais-je de ne pas m'interroger? — Vous êtes un juge impitoyable.

JOHN BELL.

Impitoyable! vous me rendrez compte de cet argent.

KITTY BELL.

Eh bien, je vous demande jusqu'à demain pour cela.

JOHN BELL.

Soit, jusqu'à demain je n'en parlerai plus.

KITTY BELL, *lui baisant la main.*

Ah! je vous retrouve. — Vous êtes bon. — Soyez-le toujours.

JOHN BELL.

C'est bien! c'est bien! songez à demain.

Il sort.

KITTY BELL, *seule.*

Pourquoi, lorsque j'ai touché la main de mon mari,

me suis-je reproché d'avoir gardé ce livre? — La conscience ne peut pas avoir tort.

Elle rêve.

Je le rendrai.

Elle sort à pas lents.

ACTE DEUXIÈME

Même décoration.

SCÈNE PREMIÈRE

LE QUAKER, CHATTERTON.

CHATTERTON *entre vite et comme en se sauvant.*
Enfin, nous voilà au port!

LE QUAKER.
Ami, est-ce un accès de folie qui t'a pris?

CHATTERTON.
Je sais très bien ce que je fais.

LE QUAKER.
Mais pourquoi rentrer ainsi tout à coup?

CHATTERTON, *agité.*

Croyez-vous qu'il m'ait vu?

LE QUAKER.

Il n'a pas détourné son cheval, et je ne l'ai pas vu tourner la tête une fois. Ses deux grooms l'ont suivi au grand trot. Mais pourquoi l'éviter, ce jeune homme?

CHATTERTON.

Vous êtes sûr qu'il ne m'a pas reconnu?

LE QUAKER.

Si le serment n'était un usage impie, je pourrais le jurer.

CHATTERTON.

Je respire. — C'est que vous savez bien qu'il est de mes amis. C'est lord Talbot.

LE QUAKER.

Eh bien, qu'importe? un ami n'est guère plus méchant qu'un autre homme.

CHATTERTON, *marchant à grands pas avec humeur.*

Il ne pouvait rien m'arriver de pis que de le voir. Mon asile était violé, ma paix était troublée, mon nom était connu ici.

LE QUAKER.

Le grand malheur!

CHATTERTON.

Le savez-vous, mon nom, pour en juger?

LE QUAKER.

Il y a quelque chose de bien puéril dans ta crainte. Tu n'es que sauvage, et tu seras pris pour un criminel si tu continues.

CHATTERTON.

O mon Dieu, pourquoi suis-je sorti avec vous? Je suis certain qu'il m'a vu.

LE QUAKER.

Je l'ai vu souvent venir ici après ses parties de chasse.

CHATTERTON.

Lui?

LE QUAKER.

Oui, lui, avec de jeunes lords de ses amis.

CHATTERTON.

Il est écrit que je ne pourrai poser ma tête nulle part. Toujours des amis?

LE QUAKER.

Il faut être bien malheureux pour en venir à dire cela.

CHATTERTON, *avec humeur*.

Vous n'avez jamais marché aussi lentement qu'aujourd'hui.

LE QUAKER.

Prends-toi à moi de ton désespoir. Pauvre enfant! rien n'a pu t'occuper dans cette promenade. La nature est morte devant tes yeux.

CHATTERTON.

Croyez-vous que mistress Bell soit très pieuse? Il me semble lui avoir vu une Bible dans les mains.

LE QUAKER, *brusquement*.

Je n'ai point vu cela. C'est une femme qui aime ses devoirs et qui craint Dieu. Mais je n'ai pas vu qu'elle eût aucun livre dans les mains.

A part.

Où va-t-il se prendre! à quoi ose-t-il penser! J'aime mieux qu'il se noie que de s'attacher à cette branche...

Haut.

C'est une jeune femme très froide, qui n'est émue que pour ses enfants, quand ils sont malades. Je la connais depuis sa naissance.

CHATTERTON.

Je gagerais cent livres sterling que cette rencontre de lord Talbot me portera malheur.

LE QUAKER.

Comment serait-ce possible ?

CHATTERTON.

Je ne sais comment cela se fera, mais vous verrez si cela manque. — Si cette jeune femme aimait un homme, il ferait mieux de se faire sauter la cervelle que de la séduire. Ce serait affreux, n'est-ce pas?

LE QUAKER.

N'y aura-t-il jamais une de tes idées qui ne tourne au désespoir?

CHATTERTON.

Je sens autour de moi quelque malheur inévitable. J'y suis tout accoutumé. Je ne résiste plus. Vous verrez cela: c'est un curieux spectacle. — Je me reposais ici, mais mon ennemie ne m'y laissera pas.

LE QUAKER.

Quelle ennemie?

CHATTERTON.

Nommez-la comme vous voudrez: la Fortune, la Destinée; que sais-je, moi?

LE QUAKER.

Tu t'écartes de la religion.

CHATTERTON *va à lui et lui prend la main.*

Vous avez peur que je ne fasse du mal ici ? — Ne craignez rien. Je suis inoffensif comme les enfants. Docteur, vous avez vu quelquefois des pestiférés ou des lépreux ? Votre premier désir était de les écarter de l'habitation des hommes. — Écartez-moi, repoussez-moi, ou bien laissez-moi seul ; je me séparerai moi-même plutôt que de donner à personne la contagion de mon infortune.

Cris et coups de fouet d'une partie de chasse faite.

Tenez, voilà comme on dépiste le sanglier solitaire !

SCÈNE II

CHATTERTON, LE QUAKER, JOHN BELL, KITTY BELL.

JOHN BELL, *à sa femme.*

Vous avez mal fait, Kitty, de ne pas me dire que c'était un personnage de considération.

Un domestique apporte un thé.

KITTY BELL.

En est-il ainsi ? En vérité, je ne le savais pas.

JOHN BELL.

De très grande considération. Lord Talbot m'a fait dire que c'était son ami et un homme distingué qui ne veut pas être connu.

KITTY BELL.

Hélas ! il n'est donc plus malheureux ? — J'en suis bien aise. Mais je ne lui parlerai pas, je m'en vais.

JOHN BELL.

Restez, restez. Invitez-le à prendre le thé avec le docteur en famille ; cela fera plaisir à lord Talbot.

Il va s'asseoir à droite, près de la table à thé.

LE QUAKER, *à Chatterton qui fait un mouvement pour se retirer chez lui.*

Non, non, ne t'en va pas, on parle de toi.

KITTY BELL, *au quaker.*

Mon ami, voulez-vous avoir la bonté de lui demander s'il veut déjeuner avec mon mari et mes enfants ?

LE QUAKER.

Vous avez tort de l'inviter, il ne peut pas souffrir les invitations.

KITTY BELL.

Mais c'est mon mari qui le veut.

LE QUAKER.

Sa volonté est souveraine.

A Chatterton.

Madame invite son hôte à déjeuner et désire qu'il prenne le thé en famille ce matin...

Bas.

Il ne faut pas accepter; c'est par ordre de son mari qu'elle fait cette démarche; mais cela lui déplaît.

JOHN BELL, *assis, lisant le journal, s'adresse à Kitty.*

L'a-t-on invité?

KITTY BELL.

Le docteur lui en parle.

CHATTERTON, *au quaker.*

Je suis forcé de me retirer chez moi.

LE QUAKER, *à Kitty.*

Il est forcé de se retirer chez lui.

KITTY BELL, *à John Bell.*

Monsieur est forcé de se retirer chez lui.

JOHN BELL.

C'est de l'orgueil : il croit nous honorer.

Il tourne le dos et se remet à lire.

CHATTERTON, *au quaker.*

Je n'aurais pas accepté : c'était par pitié qu'on m'invitait.

Il va vers la chambre, le quaker le suit et le retient. Ici un domestique amène les enfants et les fait asseoir à table. Le quaker s'assied au fond, Kitty Bell à droite, John Bell à gauche, tournant le dos à la chambre, les enfants près de leur mère.

SCÈNE III

Les Mêmes, LORD TALBOT, LORD LAUDERDALE, LORD KINGSTON, *et* TROIS JEUNES LORDS, *en habits de chasse.*

LORD TALBOT, *un peu ivre.*

Où est-il ? où est-il ? Le voilà, mon camarade ! mon ami ! Que diable fais-tu ici ? Tu nous as quittés ? Tu ne veux plus de nous ? C'est donc fini ?

Parce que tu es illustre à présent, tu nous dédaignes. Moi, je n'ai rien appris de bon à Oxford, si ce n'est à boxer, j'en conviens; mais cela ne m'empêche pas d'être ton ami. — Messieurs, voilà mon bon ami...

CHATTERTON, *voulant l'interrompre.*

Milord...

LORD TALBOT.

Mon ami Chatterton.

CHATTERTON, *sérieusement, lui pressant la main.*

George, George! toujours indiscret!

LORD TALBOT.

Est-ce que cela te fait de la peine? — L'auteur des poèmes qui font tant de bruit! le voilà! Messieurs, j'ai été à l'Université avec lui. — Ma foi, je ne me serais pas douté de ce talent-là. Ah! le sournois, comme il m'a attrapé! — Mon cher, voilà lord Lauderdale et lord Kingston, qui savent par cœur ton poème d'*Harold*. Ah! si tu veux souper avec nous, tu seras content d'eux, sur mon honneur. Ils disent les vers comme Garrick. — La chasse au renard ne t'amuse pas; sans cela, je t'aurais prêté Rébecca, que ton père m'a vendue. Mais tu sais que nous venons tous souper ici après la chasse. Ainsi, à ce soir. Ah! par Dieu! nous nous amuserons. — Mais tu es en deuil! Ah! diable!

CHATTERTON, *avec tristesse.*

Oui, de mon père.

LORD TALBOT.

Ah! il était bien vieux aussi. Que veux-tu ! te voilà héritier.

CHATTERTON, *amèrement.*

Oui. De tout ce qu'il lui restait.

LORD TALBOT.

Ma foi, si tu dépenses aussi noblement ton argent qu'à Oxford, cela te fera honneur; cependant tu étais déjà bien sauvage. Eh bien, je deviens comme toi à présent, en vérité. J'ai le spleen, mais ce n'est que pour une heure ou deux. — Ah! mistress Bell, vous êtes une puritaine. Touchez là, vous ne m'avez pas donné la main aujourd'hui. Je dis que vous êtes une puritaine; sans cela, je vous aurais recommandé mon ami.

JOHN BELL.

Répondez donc à milord, Kitty ! Milord, Votre Seigneurie sait comme elle est timide.

A Kitty.

Montrez de bonnes dispositions pour son ami.

KITTY BELL.

Votre Seigneurie ne doit pas douter de l'intérêt

que mon mari prend aux personnes qui veulent bien loger chez lui.

JOHN BELL.

Elle est si sauvage, milord, qu'elle ne lui a pas adressé la parole une fois, le croiriez-vous? pas une fois depuis trois mois qu'il loge ici!

LORD TALBOT.

Oh! maître John Bell, c'est une timidité dont il faut la corriger. Ce n'est pas bien. Allons, Chatterton, que diable! corrige-la, toi aussi, corrige-la.

LE QUAKER, *sans se lever*.

Jeune homme, depuis cinq minutes que tu es ici, tu n'as pas dit un mot qui ne fût de trop.

LORD TALBOT.

Qu'est-ce que c'est que ça? Quel est cet animal sauvage?

JOHN BELL.

Pardon, milord, c'est un quaker.

Rires joyeux.

LORD TALBOT.

C'est vrai. Oh! quel bonheur! un quaker!
Le lorgnant.

Mes amis, c'est un gibier que nous n'avions pas fait lever encore.

Éclats de rires des lords.

CHATTERTON *va vite à lord Talbot.*

A demi-voix.

George, tout cela est bien léger ; mon caractère ne s'y prête pas... Tu sais cela, souviens-toi de Primerose-Hill !... J'aurai à te parler à ton retour de la chasse.

LORD TALBOT, *consterné.*

Ah ! si tu veux jouer encore du pistolet... comme tu voudras ! Mais je croyais t'avoir fait plaisir, moi. Est-ce que je t'ai affligé ? Ma foi, nous avons bu un peu sec ce matin. — Qu'est-ce que j'ai donc dit, moi ? J'ai voulu te mettre bien avec eux tous. Tu viens ici pour la petite femme, hein ? J'ai vu ça, moi.

CHATTERTON.

Ciel et terre ! Milord, pas un mot de plus.

LORD TALBOT.

Allons, il est de mauvaise humeur ce matin. Mistress Bell, ne lui donnez pas de thé vert ; il me tuerait ce soir, en vérité.

KITTY BELL, *à part.*

Mon Dieu, comme il me parle effrontément !

LORD LAUDERDALE *vient serrer la main
à Chatterton.*

Pardieu! je suis bien aise de vous connaître; vos vers m'ont fort diverti.

CHATTERTON.

Diverti, milord?

LORD LAUDERDALE.

Oui, vraiment, et je suis charmé de vous voir installé ici; vous avez été plus adroit que Talbot, vous me ferez gagner mon pari.

LORD KINGSTON.

Oui, oui, il a beau jeter ses guinées chez le mari, il n'aura pas la petite Catherine, comment?... Kitty...

CHATTERTON.

Oui, milord, Kitty, c'est son nom en abrégé.

KITTY BELL, *à part.*

Encore! Ces jeunes gens me montrent au doigt, et devant lui!

LORD KINGSTON.

Je crois bien qu'elle aurait eu un faible pour lui; mais vous l'avez, ma foi, supplanté. Au surplus, George est un bon garçon et ne vous en voudra pas. — Vous me paraissez souffrant.

CHATTERTON.

Surtout en ce moment, milord.

LORD TALBOT.

Assez, messieurs, assez; n'allez pas trop loin.

Deux grooms entrent à la fois.

UN GROOM.

Les chevaux de milord sont prêts.

LORD TALBOT, *frappant sur l'épaule de John Bell.*

Mon bon John Bell, il n'y a de bons vins de France et d'Espagne que dans la maison de votre petite dévote de femme. Nous voulons les boire en rentrant, et tenez-moi pour un maladroit si je ne vous rapporte dix renards pour lui faire des fourrures. — Venez donc nous voir partir. — Passez, Lauderdale, passez donc. A ce soir tous, si Rébecca ne me casse pas le col.

JOHN BELL.

Monsieur Chatterton, je suis vraiment heureux de faire connaissance avec vous.

Il lui serre la main à lui casser l'épaule.

Toute ma maison est à votre service.

A Kitty, qui allait se retirer.

Mais, Catherine, causez donc un peu avec ce jeune homme. Il faut lui louer un appartement plus beau et plus cher.

KITTY BELL.

Mes enfants m'attendent.

JOHN BELL.

Restez, restez; soyez polie; je le veux absolument.

CHATTERTON, *au quaker.*

Sortons d'ici. Voir sa dernière retraite envahie, son unique repos troublé, sa douce obscurité trahie; voir pénétrer dans sa nuit de si grossières clartés! O supplice! — Sortons d'ici. — Vous l'avais-je dit?

JOHN BELL.

J'ai besoin de vous, docteur; laissez monsieur avec ma femme: je vous veux absolument, j'ai à vous parler. Je vous raccommoderai avec Sa Seigneurie.

LE QUAKER.

Je ne sors pas d'ici.

Tous sortent. Le quaker reste assis au milieu de la scène. Kitty et Chatterton debout, les yeux baissés et interdits.

SCÈNE IV

CHATTERTON, LE QUAKER, KITTY BELL.

LE QUAKER, à *Kitty Bell*.

Il prend la main gauche de Chatterton et met sa main sur le cœur de ce jeune homme.

Les cœurs jeunes, simples et primitifs ne savent pas encore étouffer les vives indignations que donne la vue des hommes. — Mon enfant, mon pauvre enfant, la solitude devient un amour bien dangereux. A vivre dans cette atmosphère, on ne peut plus supporter le moindre souffle étranger. La vie est une tempête, mon ami; il faut s'accoutumer à tenir la mer. — N'est-ce pas une pitié, mistress Bell, qu'à son âge il ait besoin du port? Je vais vous laisser lui parler et le gronder.

KITTY BELL, *troublée.*

Non, mon ami, restez, je vous prie. John Bell serait fâché de ne plus vous trouver. Et d'ailleurs, ne tarde-t-il pas à monsieur de rejoindre ses amis d'enfance? Je suis surprise qu'il ne les ait pas suivis.

LE QUAKER.

Le bruit t'a importunée bien vivement, ma chère fille ?

KITTY BELL.

Ah! leur bruit et leurs intentions! Monsieur n'est-il pas dans leurs secrets ?

CHATTERTON, *à part*.

Elle les a entendus! elle est affligée! Ce n'est plus la même femme.

KITTY BELL, *au quaker, avec une émotion mal contenue*.

Je n'ai pas vécu encore assez solitaire, mon ami : je le sens bien.

LE QUAKER, *à Kitty Bell*.

Ne sois pas trop sensible à des folies.

KITTY BELL.

Voici un livre que j'ai trouvé dans les mains de ma fille. Demandez à monsieur s'il ne lui appartient pas.

CHATTERTON.

En effet, il était à moi! et à présent, je serais bien aise qu'il revînt dans mes mains.

KITTY BELL, *à part.*

Il a l'air d'y attacher du prix. O mon Dieu! je n'oserai plus le rendre à présent, ni le garder.

LE QUAKER, *à part.*

Ah! la voilà bien embarrassée.

Il met la Bible dans sa poche, après avoir examiné à droite et à gauche leur embarras. A Chatterton.

Tais-toi, je t'en prie; elle est prête à pleurer.

KITTY BELL, *se remettant.*

Monsieur a des amis bien gais et sans doute aussi très bons.

LE QUAKER.

Ah! ne les lui reprochons point; il ne les cherchait pas.

KITTY BELL.

Je sais bien que monsieur Chatterton ne les attendait pas ici.

CHATTERTON.

La présence d'un ennemi mortel ne m'eût pas fait tant de mal; croyez-le bien, madame.

KITTY BELL.

Ils ont l'air de connaitre si bien monsieur Chatterton! et nous, nous le connaissons si peu!

LE QUAKER, *à demi-voix, à Chatterton.*

Ah ! les misérables ! ils l'ont blessée au cœur.

CHATTERTON, *au quaker.*

Et moi, monsieur !

KITTY BELL.

Monsieur Chatterton sait leur conduite comme ils savent ses projets. Mais sa retraite ici, comment l'ont-ils interprétée ?

LE QUAKER, *se levant.*

Que le Ciel confonde à jamais cette race de sauterelles qui s'abat à travers champs, et qu'on appelle les hommes aimables ! Voilà bien du mal en un moment.

CHATTERTON, *faisant asseoir le quaker.*

Au nom de Dieu ! ne sortez pas que je ne sache ce qu'elle a contre moi. Cela me trouble affreusement.

KITTY BELL.

Monsieur Bell m'a chargée d'offrir à monsieur Chatterton une chambre plus convenable.

CHATTERTON.

Ah ! rien ne convient mieux que la mienne à mes projets.

KITTY BELL.

Mais, quand on ne parle pas de ses projets, on peut inspirer, à la longue, plus de crainte que l'on n'inspirait d'abord d'intérêt, et je...

CHATTERTON.

Et ?...

KITTY BELL.

Il me semble...

LE QUAKER.

Que veux-tu dire?

KITTY BELL.

Que ces jeunes lords ont, en quelque sorte, le droit d'être surpris que leur ami les ait quittés pour cacher son nom et sa vie dans une famille aussi simple que la nôtre.

LE QUAKER, *à Chatterton*.

Rassure-toi, ami; elle veut dire que tu n'avais pas l'air, en arrivant, d'être le riche compagnon de ces riches petits lords.

CHATTERTON, *avec gravité*.

Si l'on m'avait demandé ici ma fortune, mon nom et l'histoire de ma vie, je n'y serais pas entré... Si quelqu'un me les demandait aujourd'hui, j'en sortirais.

LE QUAKER.

Un silence qui vient de l'orgueil peut être mal compris; tu le vois.

CHATTERTON *va pour répondre, puis y renonce et s'écrie.*

Une torture de plus dans un martyre, qu'importe !

Il se retire en fuyant.

KITTY BELL, *effrayée.*

Ah ! mon Dieu ! pourquoi s'est-il enfui de la sorte ? Les premières paroles que je lui adresse lui causent du chagrin !... mais en suis-je responsable aussi ?... Pourquoi est-il venu ici ?... je n'y comprends plus rien ! je veux le savoir ! Toute ma famille est troublée pour lui et par lui ! Que leur ai-je fait à tous ? Pourquoi l'avez-vous amené ici et non ailleurs, vous ? — Je n'aurais jamais dû me montrer, et je voudrais ne les avoir jamais vus.

LE QUAKER, *avec impatience et chagrin.*

Mais c'était à moi seul qu'il fallait dire cela. Je ne m'offense ni ne me désole, moi. Mais à lui, quelle faute !

KITTY BELL.

Mais, mon ami, les avez-vous entendus, ces jeunes gens ? — O mon Dieu ! comment se fait-il qu'ils aient la puissance de troubler ainsi une vie que le Sauveur même eût bénie ? — Dites, vous qui êtes un homme, vous qui n'êtes point de ces méchants désœuvrés, vous qui êtes grave et bon, vous qui pensez qu'il y a une âme et un Dieu; dites, mon ami, comment donc doit vivre une femme? Où donc faut-il se cacher? Je me taisais, je baissais les yeux, j'avais étendu sur moi la solitude comme un voile, et ils l'ont déchiré. Je me croyais ignorée, et j'étais connue comme une de leurs femmes; respectée, et j'étais l'objet d'un pari. A quoi donc m'ont servi mes deux enfants toujours à mes côtés comme des anges gardiens? A quoi m'a servi la gravité de ma retraite? Quelle femme sera honorée, grand Dieu! si je n'ai pu l'être, et s'il suffit aux jeunes gens de la voir passer dans la rue pour s'emparer de son nom et s'en jouer comme d'une balle qu'ils se jettent l'un à l'autre!

La voix lui manque. Elle pleure.

O mon ami, mon ami! obtenez qu'ils ne reviennent jamais dans ma maison.

LE QUAKER.

Qui donc?

KITTY BELL.

Mais eux... eux tous... tout le monde.

LE QUAKER.

Comment?

KITTY BELL.

Et lui aussi... oui, lui.
Elle fond en larmes.

LE QUAKER.

Mais tu veux donc le tuer? Après tout, qu'a-t-il fait?

KITTY BELL, *avec agitation.*

O mon Dieu! moi, le tuer! — moi qui voudrais... O Seigneur, mon Dieu! vous que je prie sans cesse, vous savez si j'ai voulu le tuer! mais je vous parle et je ne sais si vous m'entendez. Je vous ouvre mon cœur, et vous ne me dites pas que vous y lisez. — Et si votre regard y a lu, comment savoir si vous n'êtes pas mécontent! Ah! mon ami... j'ai là quelque chose que je voudrais dire... Ah! si mon père vivait encore!

Elle prend la main du quaker.

Oui, il y a des moments où je voudrais être catholique, à cause de leur confession. Enfin! ce n'est autre chose que la confidence; mais la confidence divinisée... j'en aurais besoin!

LE QUAKER.

Ma fille, si ta conscience et la contemplation ne te soutiennent pas assez, que ne viens-tu donc à moi?

KITTY BELL.

Eh bien, expliquez-moi le trouble où me jette ce jeune homme! les pleurs que m'arrache malgré moi sa vue, oui, sa seule vue!

LE QUAKER.

O femme! faible femme! au nom de Dieu, cache tes larmes, car le voilà.

KITTY BELL.

O Dieu! son visage est renversé!

CHATTERTON, *rentrant comme un fou, sans chapeau.*

Il traverse la chambre et marche en parlant, sans voir personne.

... Et d'ailleurs, et d'ailleurs, ils ne possèdent pas plus leurs richesses que je ne possède cette chambre. — Le monde n'est qu'un mot. — On peut perdre ou gagner le monde sur parole, en un quart d'heure! Nous ne possédons tous que nos six pieds, c'est le vieux Will qui l'a dit. — Je vous rendrai votre chambre quand vous voudrez; j'en veux une encore plus petite. Pourtant je voulais encore attendre le succès d'une certaine lettre. Mais n'en parlons plus.

Il se jette dans un fauteuil.

LE QUAKER *se lève et va à lui, lui prenant la tête.*

A demi-voix.

Tais-toi, ami, tais-toi, arrête. — Calme, calme ta tête brûlante. Laisse passer en silence tes emportements, et n'épouvante pas cette jeune femme qui t'est étrangère.

CHATTERTON *se lève vivement sur le mot* étrangère, *et dit avec une ironie frémissante.*

Il n'y a personne sur la terre à présent qui ne me soit étranger. Devant tout le monde je dois saluer et me taire. Quand je parle, c'est une hardiesse bien inconvenante, et dont je dois demander humblement pardon... Je ne voulais qu'un peu de repos dans cette maison, le temps d'achever de coudre l'une à l'autre quelques pages que je dois; à peu près comme un menuisier doit à l'ébéniste quelques planches péniblement passées au rabot. — Je suis ouvrier en livres, voilà tout. — Je n'ai pas besoin d'un plus grand atelier que le mien, et monsieur Bell est trop attendri de l'amitié de lord Talbot pour moi ; on peut l'aimer ici, cela se conçoit. — Mais son amitié pour moi, ce n'est rien. Cela repose sur une ancienne idée que je lui ôterai d'un mot; sur un vieux chiffre que je rayerai de sa tête, et que mon père a emporté dans le pli de son linceul; un chiffre assez considérable, ma foi, et qui me valait beaucoup de révérences et de serrements de mains. — Mais tout cela est fini, je suis ouvrier en livres. — Adieu, madame; adieu, monsieur. Ha! ha! — Je perds bien du temps! A l'ouvrage! à l'ouvrage!

Il monte à grands pas l'escalier de sa chambre et s'y enferme.

SCÈNE V

LE QUAKER, KITTY BELL, *consternée.*

LE QUAKER.

Tu es remplie d'épouvante, Kitty?

KITTY BELL.

C'est vrai.

LE QUAKER.

Et moi aussi.

KITTY BELL.

Vous aussi! — Vous si fort, vous que rien n'a jamais ému devant moi! — Mon Dieu! qu'y a-t-il donc ici que je ne puis comprendre? Ce jeune homme nous a tous trompés; il s'est glissé ici comme un pauvre, et il est riche. Ces jeunes gens ne lui ont-ils pas parlé comme à leur égal? Qu'est-il venu faire ici? Qu'a-t-il voulu en se faisant plaindre? Pourtant, ce qu'il dit a l'air vrai, et lui, il a l'air bien malheureux.

LE QUAKER.

Il serait bon que ce jeune homme mourût.

KITTY BELL.

Mourir! pourquoi?

LE QUAKER.

Parce que mieux vaut la mort que la folie.

KITTY BELL.

Et vous croyez...? Ah! le cœur me manque.
Elle tombe assise.

LE QUAKER.

Que la plus forte raison ne tiendrait pas à ce qu'il souffre. — Je dois te dire toute ma pensée, Kitty Bell. Il n'y a pas d'ange au ciel qui soit plus pur que toi. La vierge mère ne jette pas sur son enfant un regard plus chaste que le tien. Et pourtant, tu as fait, sans le vouloir, beaucoup de mal autour de toi.

KITTY BELL.

Puissances du ciel! est-il possible?

LE QUAKER.

Écoute, écoute, je t'en prie. — Comment le mal sort du bien, et le désordre de l'ordre même, voilà ce que tu ne peux t'expliquer, n'est-ce pas? Eh bien, sache, ma chère fille, qu'il a suffi pour cela d'un regard de toi, inspiré par la plus belle vertu qui siège à la droite de Dieu, la pitié. — Ce jeune homme, dont l'esprit a trop vite mûri sous les ardeurs de la poésie, comme dans une serre brûlante, a conservé le cœur naïf d'un enfant. Il n'a plus de famille, et, sans se l'avouer, il en cherche une; il s'est accoutumé à te voir vivre près de lui, et peut-être s'est habitué à s'inspirer de ta vue et de ta grâce maternelle. La paix qui règne autour de toi a été aussi dangereuse pour cet esprit rêveur que le sommeil sous la blanche tubéreuse; ce n'est pas ta faute si, repoussé de tous côtés, il s'est cru heureux d'un accueil bienveillant; mais enfin cette existence de sympathie silencieuse et profonde est devenue la sienne. — Te crois-tu donc le droit de la lui ôter?

KITTY BELL.

Hélas! croyez-vous donc qu'il ne nous ait pas trompés?

LE QUAKER.

Lovelace avait plus de dix-huit ans, Kitty. Et ne lis-tu pas sur le front de Chatterton la timidité de la misère? Moi, je l'ai sondée, elle est profonde.

KITTY BELL.

O mon Dieu! quel mal a dû lui faire ce que j'ai dit tout à l'heure!

LE QUAKER.

Je le crois, madame.

KITTY BELL.

Madame? — Ah! ne vous fâchez pas. Si vous saviez ce que j'ai fait et ce que j'allais faire!

LE QUAKER.

Je veux bien le savoir.

KITTY BELL.

Je me suis cachée de mon mari, pour quelques sommes que j'ai données pour monsieur Chatterton. Je n'osais pas les lui demander, et je ne les ai pas reçues encore. Mon mari s'en est aperçu. Dans ce moment même, j'allais peut-être me déterminer à en parler à ce jeune homme. Oh! que je vous remercie de m'avoir épargné cette mauvaise action! Oui, c'eût été un crime assurément, n'est-ce pas?

LE QUAKER.

Il en aurait fait un, lui, plutôt que de ne pas vous satisfaire. Fier comme je le connais, cela est certain. Mon amie, ménageons-le. Il est atteint d'une maladie toute morale et presque incurable, et quelquefois contagieuse; maladie terrible qui se saisit surtout des âmes jeunes, ardentes et toutes neuves à la vie, éprises de l'amour du juste et du beau, et venant dans le monde pour y rencontrer, à chaque pas, toutes les iniquités et toutes les laideurs d'une société mal construite. Ce mal, c'est la haine de la vie et l'amour de la mort : c'est l'obstiné Suicide.

KITTY BELL.

Oh! que le Seigneur lui pardonne! serait-ce vrai ?
Elle se cache la tête pour pleurer.

LE QUAKER.

Je dis obstiné, parce qu'il est rare que ces malheureux renoncent à leur projet quand il est arrêté en eux-mêmes.

KITTY BELL.

En est-il là? En êtes-vous sûr? Dites-vous vrai? Dites-moi tout. Je ne veux pas qu'il meure! — Qu'a-t-il fait? que veut-il? Un homme si jeune! une âme céleste! la bonté des anges! la candeur des enfants! une âme tout éclatante de pureté, tomber ainsi dans le crime des crimes ; celui que le Christ hésiterait lui-même à pardonner! Non, cela ne sera pas, il ne se tuera pas. Que lui faut-il? Est-ce de l'argent? Eh bien, j'en aurai. — Nous en trouverons bien quelque part pour lui. Tenez, tenez, voilà des bijoux, que jamais je n'ai daigné porter, prenez-les, vendez tout. — Se tuer! là, devant moi et mes enfants! — Vendez, vendez, je dirai ce que je pourrai. Je recommencerai à me cacher ; enfin je ferai mon crime aussi, moi ; je mentirai : voilà tout.

LE QUAKER.

Tes mains! tes mains! ma fille, que je les adore.

Il baise les deux mains réunies.

Tes fautes sont innocentes, et, pour cacher ton mensonge miséricordieux, les saintes tes sœurs étendraient leurs voiles ; mais garde tes bijoux, c'est un homme à mourir vingt fois devant un or qu'il n'aurait pas gagné ou tenu de sa famille. J'essayerais bien inutilement de lutter contre sa faute unique, vice presque vertueux, noble imperfection, péché sublime : l'orgueil de la pauvreté.

KITTY BELL.

Mais n'a-t-il pas parlé d'une lettre qu'il aurait écrite à quelqu'un dont il attendrait du secours?

LE QUAKER.

Ah! c'est vrai! Cela était échappé à mon esprit, mais ton cœur avait entendu. Oui, voilà une ancre de miséricorde. Je m'y appuierai avec lui.

Il veut sortir.

KITTY BELL.

Mais... que voulait-il dire en parlant de lord Talbot: « On peut l'aimer ici, cela se conçoit! »

LE QUAKER.

Ne songe point à ce mot-là! Un esprit absorbé comme le sien dans ses travaux et ses peines est inaccessible aux petitesses d'un dépit jaloux, et plus encore aux vaines fatuités de ces coureurs d'aventures. Que voudrait dire cela? Il faudrait donc supposer qu'il regarde ce Talbot comme essayant ses séductions près de Kitty Bell et avec succès, et supposer que Chatterton se croit le droit d'en être jaloux; supposer que ce charme d'intimité serait devenu en lui une passion?... Si cela était...

KITTY BELL.

Oh! ne me dites plus rien... laissez-moi m'enfuir.

Elle se sauve en fermant ses oreilles, et il la poursuit de sa voix.

LE QUAKER.

Si cela était, sur ma foi! j'aimerais mieux le laisser mourir!

ACTE TROISIÈME

La chambre de Chatterton, sombre, petite, pauvre, sans feu ;
un lit misérable et en désordre.

SCÈNE PREMIÈRE

CHATTERTON, seul.

Il est assis sur le pied de son lit, et écrit sur ses genoux.

Il est certain qu'elle ne m'aime pas. — Et moi... je n'y veux plus penser. — Mes mains sont glacées, ma tête est brûlante. — Me voilà seul en face de mon travail. — Il ne s'agit plus de sourire et d'être bon ! de saluer et de serrer la main ! Toute cette comédie est jouée : j'en commence une autre avec moi-même. — Il faut, à cette heure, que ma volonté soit assez puissante pour saisir mon âme et l'emporter tour à tour dans le cadavre ressuscité des personnages que j'évoque et dans le fantôme de ceux que j'invente ! Ou bien il faut que, devant Chatterton malade, devant Chatterton qui a froid, qui a faim, ma volonté fasse poser avec prétention un autre Chatterton, gracieusement paré pour l'amusement du public, et que celui-là soit décrit par l'autre : le troubadour par le mendiant. Voilà les deux poésies possibles, ça ne va pas plus loin que cela ! Les divertir ou leur faire pitié ; faire jouer de misérables poupées, ou l'être soi-même et faire trafic de cette singerie ! Ouvrir son cœur pour le mettre en étalage sur un comptoir ! S'il a des blessures, tant mieux ! il a plus de prix ; tant soit peu mutilé, on l'achète plus cher !

Il se lève.

Lève-toi, créature de Dieu, faite à son image, et admire-toi encore dans cette condition !

Il rit et se rassied.
Une vieille horloge sonne une demi-heure, deux coups.

Non, non !

L'heure t'avertit ; assieds-toi, et travaille, malheureux ! Tu perds ton temps en réfléchissant : tu n'as qu'une réflexion à faire, c'est que tu es un pauvre. — Entends-tu bien ? un pauvre !

Chaque minute de recueillement est un vol que tu fais ; c'est une minute stérile. — Il s'agit bien de l'idée ! grand Dieu ! Ce qui rapporte, c'est le mot. Il y a un tel mot qui peut aller jusqu'à un schelling ; la pensée n'a pas cours sur la place.

Oh ! loin de moi, — loin de moi, je t'en supplie, découragement glacé ! Mépris de moi-même, ne viens pas achever de me perdre ! détourne-toi ! détourne-toi! car, à présent, mon nom et ma demeure, tout est connu; et, si demain ce livre n'est pas achevé, je suis perdu! oui, perdu! sans espoir! — Arrêté, jugé, condamné! jeté en prison!

O dégradation! ô honteux travail!

Il écrit.

Il est certain que cette jeune femme ne m'aimera jamais. — Eh bien, ne puis-je cesser d'avoir cette idée?

Long silence.

J'ai bien peu d'orgueil d'y penser encore. — Mais qu'on me dise donc pourquoi j'aurais de l'orgueil! De l'orgueil de quoi? Je ne tiens aucune place dans aucun rang. Et il est certain que ce qui me soutient, c'est cette fierté naturelle. Elle me crie toujours à l'oreille de ne pas ployer et de ne pas avoir l'air malheureux. — Et pour qui donc fait-on l'heureux quand on ne l'est pas? Je crois que c'est pour les femmes. Nous posons tous devant elles. — Les pauvres créatures, elles te prennent pour un trône, ô Publicité, vile Publicité! toi qui n'es qu'un pilori où le profane passant peut nous souffleter. En général, les femmes aiment celui qui ne s'abaisse devant personne. Eh bien, par le Ciel, elles ont raison. — Du moins celle-ci qui a les yeux sur moi ne me verra pas baisser la tête. — Oh! si elle m'eût aimé!

Il s'abandonne à une longue rêverie, dont il sort violemment.

Écris donc, malheureux, évoque donc ta volonté! — Pourquoi est-elle si faible? N'avoir pu encore lancer en avant cet esprit rebelle qu'elle excite et qui s'arrête! — Voilà une humiliation toute nouvelle pour moi! — Jusqu'ici, je l'avais toujours vu partir avant son maître; il fallait un frein, et, cette nuit, c'est l'éperon qu'il lui faut. — Ah! ah! l'immortel! ah! ah! le rude maître du corps! Esprit superbe, seriez-vous paralysé par ce misérable brouillard qui pénètre dans une chambre délabrée? Suffit-il, orgueilleux, d'un peu de vapeur froide pour vous vaincre?

Il jette sur ses épaules la couverture de son lit.

L'épais brouillard! il est tendu au dehors de ma fenêtre comme un rideau blanc, comme un linceul. — Il était pendu ainsi à la fenêtre de mon père, la nuit de sa mort.

L'horloge sonne trois quarts.

Encore! le temps me presse; et rien n'est écrit!

Il lit.

« Harold! Harold!... ô Christ! Harold... le duc Guillaume... »

Eh! que me fait cet Harold, je vous prie? — Je ne puis comprendre comment j'ai écrit cela.

Il déchire le manuscrit, en parlant. — Un peu de délire le prend.

J'ai fait le catholique; j'ai menti. Si j'étais catholique, je me ferais moine et trappiste. Un trappiste n'a pour lit qu'un cercueil, mais au moins il y dort. — Tous les hommes ont un lit où ils dorment: moi, j'en ai un où je travaille pour de l'argent.

Il porte la main à sa tête.

Où vais-je? où vais-je? Le mot entraîne l'idée

malgré elle... O Ciel! la folie ne marche-t-elle pas ainsi? Voilà qui peut épouvanter le plus brave... Allons! calme-toi. — Je relisais ceci... Oui!... Ce poème-là n'est pas assez beau!... Écrit trop vite! — Écrit pour vivre! — O supplice! La bataille d'Hastings!... Les vieux Saxons!... Les jeunes Normands! Me suis-je intéressé à cela? Non. Et pourquoi donc en as-tu parlé? — Quand j'avais tant à dire sur ce que je vois!

Il se lève et marche à grands pas.

Réveiller de froides cendres, quand tout frémit et souffre autour de moi; quand la Vertu appelle à son secours et se meurt à force de pleurer; quand le pâle travail est dédaigné; quand l'Espérance a perdu son ancre; la Foi, son calice; la Charité, ces pauvres enfants; quand la Loi est athée et corrompue comme une courtisane; lorsque la Terre crie et demande justice au Poète de ceux qui la fouillent sans cesse pour avoir son or, et lui disent qu'elle peut se passer du Ciel.

Et moi! qui sens cela, je ne lui répondrais pas! Si! par le Ciel! je lui répondrai. Je frapperai du pied les méchants et les hypocrites. Je dévoilerai Jérémiah-Miles et Warton.

Ah! misérable! Mais... c'est la Satire! Tu deviens méchant.

Il pleure longtemps avec désolation.

Écris plutôt sur ce brouillard qui s'est logé à ta fenêtre comme à celle de ton père.

Il s'arrête.
Il prend une tabatière sur la table.

Le voilà, mon père! — Vous voilà! Bon vieux,

marin! franc capitaine de haut bord, vous dormiez la nuit, vous, et, le jour, vous vous battiez! vous n'étiez pas un Paria intelligent comme l'est devenu votre pauvre enfant. Voyez-vous, voyez-vous ce papier blanc? S'il n'est pas rempli demain, j'irai en prison, mon père, et je n'ai pas dans la tête un mot pour noircir ce papier, parce que j'ai faim. — J'ai vendu, pour manger, le diamant qui était là, sur cette boîte, comme une étoile sur votre beau front. Et, à présent, je ne l'ai plus, et j'ai toujours la faim. Et j'ai aussi votre orgueil, mon père, qui fait que je ne le dis pas. — Mais, vous qui étiez vieux et qui saviez qu'il faut de l'argent pour vivre et que vous n'en aviez pas à me laisser, pourquoi m'avez-vous créé?

Il jette la boîte. — Il court après, se met à genoux et pleure.

Ah! pardon, pardon, mon père! mon vieux père en cheveux blancs! — Vous m'avez tant embrassé sur vos genoux! — C'est ma faute! J'ai cru être poëte! C'est ma faute; mais je vous assure que mon nom n'ira pas en prison! Je vous le jure, mon vieux père. Tenez, tenez, voilà de l'opium! Si j'ai par trop faim, je ne mangerai pas, je boirai.

Il fond en larmes sur la tabatière où est le portrait.

Quelqu'un monte lourdement mon escalier de bois. — Cachons ce trésor.

Cachant l'opium.

Et pourquoi? Ne suis-je donc pas libre? plus libre que jamais?

— Caton n'a pas caché son épée. Reste comme tu es, Romain, et regarde en face.

Il pose l'opium au milieu de sa table.

SCÈNE II

CHATTERTON, LE QUAKER.

LE QUAKER, *jetant les yeux sur la fiole.*
Ah!

CHATTERTON.
Eh bien?

LE QUAKER.

Je connais cette liqueur. — Il y a là au moins soixante grains d'opium. Cela te donnerait une certaine exaltation qui te plairait d'abord assez comme poëte, et puis un peu de délire, et puis un bon sommeil bien lourd et sans rêve, je t'assure. — Tu es resté bien longtemps seul, Chatterton.

Le quaker pose le flacon sur la table. Chatterton le reprend à la dérobée.

CHATTERTON.

Et si je veux rester seul pour toujours, n'en ai-je pas le droit?

LE QUAKER.

Il s'assied sur le lit; Chatterton reste debout, les yeux fixes et hagards.

Les païens disaient cela.

CHATTERTON.

Qu'on me donne une heure de bonheur, et je redeviendrai un excellent chrétien. Ce que... ce que vous craignez, les stoïciens l'appelaient *sortie raisonnable*.

LE QUAKER.

C'est vrai; et ils disaient même que, les causes qui nous retiennent à la vie n'étant guère fortes, on pouvait bien en sortir pour des causes légères. Mais il faut considérer, ami, que la Fortune change souvent et peut beaucoup, et que, si elle peut faire quelque chose pour quelqu'un, c'est pour un vivant.

CHATTERTON.

Mais aussi elle ne peut rien contre un mort. Moi, je dis qu'elle fait plus de mal que de bien, et qu'il n'est pas mauvais de la fuir.

LE QUAKER.

Tu as bien raison: mais seulement c'est un peu poltron. — S'aller cacher sous une grosse pierre, dans un grand trou, par frayeur d'elle, c'est de la lâcheté.

CHATTERTON.

Connaissez-vous beaucoup de lâches qui se soient tués?

LE QUAKER.

Quand ce ne serait que Néron.

CHATTERTON.

Aussi, sa lâcheté, je n'y crois pas. Les nations n'aiment pas les lâches, et c'est le seul nom d'empereur populaire en Italie.

LE QUAKER.

Cela fait bien l'éloge de la popularité. — Mais, du reste, je ne te contredis nullement. Tu fais bien de suivre ton projet, parce que cela va faire la joie de tes rivaux. Il s'en trouvera d'assez impies pour égayer le public par d'agréables bouffonneries sur le récit de ta mort, et ce qu'ils n'auraient jamais pu accomplir, tu le fais pour eux : tu t'effaces. Tu fais bien de leur laisser ta part de cet os vide de la gloire que vous rongez tous. C'est généreux.

CHATTERTON.

Vous me donnez plus d'importance que je n'en ai. Qui sait mon nom?

LE QUAKER, *à part*.

Cette corde vibre encore. Voyons ce que j'en tirerai.

A Chatterton.

On sait d'autant mieux ton nom que tu l'as voulu cacher.

CHATTERTON.

Vraiment? Je suis bien aise de savoir cela. — Eh bien, on le prononcera plus librement après moi.

LE QUAKER, *à part.*

Toutes les routes le ramènent à son idée fixe.

Haut.

Mais il m'avait semblé, ce matin, que tu espérais quelque chose d'une lettre?

CHATTERTON.

Oui, j'avais écrit au lord maire, monsieur Beckford, qui a connu mon père assez intimement. On m'avait souvent offert sa protection, je l'avais toujours refusée, parce que je n'aime pas être protégé. — Je comptais sur des idées pour vivre. Quelle folie! — Hier, elles m'ont manqué toutes; il ne m'en est resté qu'une, celle d'essayer du protecteur.

LE QUAKER.

Monsieur Beckford passe pour le plus honnête homme et l'un des plus éclairés de Londres. Tu as bien fait. Pourquoi y as-tu renoncé depuis?

CHATTERTON.

Il m'a suffi depuis de la vue d'un homme.

LE QUAKER.

Essaye de la vue d'un sage après celle d'un fou. — Que t'importe?

CHATTERTON.

Eh! pourquoi ces retards? Les hommes d'imagination sont éternellement crucifiés; le sarcasme et la misère sont les clous de leur croix. Pourquoi voulez-vous qu'un autre soit enfoncé dans ma chair : le remords de s'être inutilement abaissé ? — Je veux *sortir raisonnablement*. J'y suis forcé.

LE QUAKER *se lève.*

Que le Seigneur me pardonne ce que je vais faire. Écoute! Chatterton, je suis très vieux, je suis chrétien et de la secte la plus pure de la république universelle du Christ. J'ai passé tous mes jours avec mes frères dans la méditation, la charité et la prière. Je vais te dire, au nom de Dieu, une chose vraie, et, en la disant, je vais, pour te sauver, jeter une tache sur mes cheveux blancs.

Chatterton! Chatterton! tu peux perdre ton âme, mais tu n'as pas le droit d'en perdre deux. — Or, il y en a une qui s'est attachée à la tienne et que ton infortune vient d'attirer comme les Écossais disent que la paille attire le diamant radieux. Si tu t'en vas, elle s'en ira; et cela, comme toi, sans être en état de grâce, et indigne pour l'éternité de paraître devant Dieu.

Chatterton! Chatterton! tu peux douter de l'éternité, mais elle n'en doute pas; tu seras jugé selon tes malheurs et ton désespoir, et tu peux espérer miséricorde; mais non pas elle, qui était heureuse et toute chrétienne. Jeune homme, je te demande grâce pour elle, à genoux, parce qu'elle est pour moi sur la terre comme mon enfant.

CHATTERTON.

Mon Dieu! mon ami, mon père, que voulez-vous

dire?... Serait-ce donc...? Levez-vous!... vous me faites honte... Serait-ce...?

LE QUAKER.

Grâce! car, si tu meurs, elle mourra...

CHATTERTON.

Mais qui donc?

LE QUAKER.

Parce qu'elle est faible de corps et d'âme, forte de cœur seulement.

CHATTERTON.

Nommez-la! Aurais-je osé croire!...

LE QUAKER.

Il se relève.

Si jamais tu lui dis ce secret, malheureux! tu es un traître, et tu n'auras pas besoin de suicide; ce sera moi qui te tuerai.

CHATTERTON.

Est-ce donc...?

LE QUAKER.

Oui, la femme de mon vieil ami, de ton hôte... la mère des beaux enfants.

CHATTERTON.

Kitty Bell!

LE QUAKER.

Elle t'aime, jeune homme. Veux-tu te tuer encore ?

CHATTERTON, *tombant dans les bras du quaker.*

Hélas ! je ne puis donc plus vivre ni mourir ?

LE QUAKER, *fortement.*

Il faut vivre, te taire, et prier Dieu !

SCÈNE III

L'arrière-boutique.

KITTY BELL, LE QUAKER.

KITTY BELL *sort seule de sa chambre, et regarde dans la salle.*

Personne ! — Venez, mes enfants !
Il ne faut jamais se cacher, si ce n'est pour faire le bien.
Allez vite chez lui ! portez-lui...

Au quaker.

Je reviens, mon ami ; je reviens vous écouter.

A ses enfants.

Portez-lui tous vos fruits. — Ne dites pas que je

vous envoie, et montez sans faire de bruit. — Bien! Bien!

> *Les deux enfants, portant un panier, montent doucement l'escalier, et entrent dans la chambre de Chatterton.*
>
> *Quand ils sont en haut.*

Eh bien, mon ami, vous croyez donc que le bon lord maire lui fera du bien? Oh! mon ami, je consentirai à tout ce que vous voudrez me conseiller!

LE QUAKER.

Oui, il sera nécessaire que, dans peu de temps, il aille habiter une autre maison, peut-être même hors de Londres.

KITTY BELL.

Soit à jamais bénie la maison où il sera heureux, puisqu'il ne peut l'être dans la mienne! mais qu'il vive, ce sera assez pour moi.

LE QUAKER.

Je ne lui parlerai pas à présent de cette résolution; je l'y préparerai par degrés.

KITTY BELL, *ayant peur que le quaker n'y consente.*

Si vous voulez, je lui en parlerai, moi.

LE QUAKER.

Pas encore: ce serait trop tôt.

KITTY BELL.

Mais si, comme vous le dites, ce n'est pour lui qu'une habitude à rompre?

LE QUAKER.

Sans doute... il est fort sauvage. — Les auteurs n'aiment que leurs manuscrits... Il ne tient à personne, il n'aime personne... Cependant ce serait trop tôt.

KITTY BELL.

Pourquoi donc trop tôt, si vous pensez que sa présence soit si fatale?

LE QUAKER.

Oui, je le pense, je ne me rétracte pas.

KITTY BELL.

Cependant, si cela est nécessaire, je suis prête à le lui dire à présent ici.

LE QUAKER.

Non, non, ce serait tout perdre.

KITTY BELL, *satisfaite*.

Alors, mon ami, convenez-en, s'il reste ici, je ne puis pas le maltraiter; il faut bien que l'on tâche de le rendre moins malheureux. J'ai envoyé mes enfants pour le distraire; et ils ont voulu absolument lui porter leur goûter, leurs fruits, que sais-je? Est-ce un crime à moi, mon ami? en est-ce un à mes enfants?

Le quaker, s'asseyant, se détourne pour essuyer une larme.

KITTY BELL.

On dit donc qu'il fait de bien beaux livres? Les avez-vous lus, ses livres?

LE QUAKER, *avec une insouciance affectée.*

Oui, c'est un beau génie.

KITTY BELL.

Et si jeune! est-ce possible? — Ah! vous ne voulez pas me répondre, et vous avez tort, car jamais je n'oublie un mot de vous. Ce matin, par exemple, ici même, ne m'avez-vous pas dit que *rendre à un malheureux un cadeau qu'il a fait, c'est l'humilier et lui faire mesurer toute sa misère?* — Aussi, je suis bien sûre que vous ne lui avez pas rendu sa Bible? — N'est-il pas vrai? avouez-le.

LE QUAKER, *lui donnant sa Bible, en la lui faisant attendre.*

Tiens, mon enfant, comme c'est moi qui te la donne, tu peux la garder.

KITTY BELL.

Elle s'assied à ses pieds à la manière des enfants qui demandent une grâce.

Oh! mon ami, mon père, votre bonté a quelquefois un air méchant, mais c'est toujours la bonté la meilleure. Vous êtes au-dessus de nous par votre prudence; vous pourriez voir à vos pieds tous nos petits orages que vous méprisez, et cependant, sans être atteint, vous y prenez part; vous en souffrez par indulgence, et puis vous laissez tomber quelques mots, et les nuages se dissipent, et nous vous rendons grâces, et les larmes s'effacent, et nous sourions, parce que vous l'avez permis.

LE QUAKER *l'embrasse sur le front.*

Mon enfant! ma chère enfant! avec toi, du moins, je suis sûr de n'en avoir pas de regret.

On parle.

On vient!... Pourvu que ce ne soit pas un de ses amis. — Ah! c'est ce Talbot... j'en étais sûr.

On entend le cor de chasse.

SCÈNE IV

Les Mêmes, LORD TALBOT, JOHN BELL.

LORD TALBOT.

Oui, oui, je vais les aller joindre tous; qu'ils se réjouissent! Moi, je n'ai plus le cœur à leur joie.

J'ai assez d'eux, laissez-les souper sans moi. Je me suis assez amusé à les voir se ruiner pour essayer de me suivre; à présent, ce jeu-là m'ennuie. — Monsieur Bell, j'ai à vous parler... Vous ne m'aviez pas dit les chagrins et la pauvreté de mon ami, de Chatterton.

JOHN BELL, *à Kitty Bell.*

Mistress Bell, votre absence est nécessaire... pour un instant.

Kitty Bell se retire lentement dans sa chambre.

Mais, milord, ses chagrins, je ne les vois pas; et, quant à sa pauvreté, je sais qu'il ne doit rien ici.

LORD TALBOT.

O Ciel, comment fait-il? Oh! si vous saviez, et vous aussi, bon quaker, si vous saviez ce que l'on vient de m'apprendre! D'abord ses beaux poëmes ne lui ont pas donné un morceau de pain... Ceci est tout simple: ce sont des poëmes, et ils sont beaux : c'est le cours naturel des choses. Ensuite, une espèce d'érudit, un misérable inconnu et méchant, vient de publier (Dieu fasse qu'il l'ignore!) une atroce calomnie. Il a prétendu prouver qu'*Harold* et tous ses poëmes n'étaient pas de lui. Mais, moi, j'attesterai le contraire, moi qui l'ai vu les inventer à mes côtés, là, encore enfant; je l'attesterai, je l'imprimerai, et je signerai Talbot.

LE QUAKER.

C'est bien, jeune homme.

LORD TALBOT.

Mais ce n'est pas tout. N'avez-vous pas vu rôder chez vous un nommé Skirner?

JOHN BELL.

Oui, oui, je sais : un riche propriétaire de plusieurs maisons dans la Cité.

LORD TALBOT.

C'est cela.

JOHN BELL.

Il est venu hier.

LORD TALBOT.

Eh bien, il le cherche pour le faire arrêter, lui, trois fois millionnaire, pour quelque pauvre loyer qu'il lui doit. Et Chatterton... — Oh! voilà qui est horrible à penser. — Je voudrais, tant cela fait honte au pays, je voudrais pouvoir le dire si bas que l'air ne pût l'entendre. — Approchez tous deux. — Chatterton, pour sortir de chez lui, a promis par écrit et signé... — oh! je l'ai lu... — il a signé que, tel jour (et ce jour approche), il payerait sa dette, et que, s'il mourait dans l'intervalle, il vendait à l'École de chirurgie... on n'ose pas dire cela... son corps pour la payer; et le millionnaire a reçu l'écrit!

LE QUAKER.

O misère! misère sublime!

LORD TALBOT.

Il n'y faut pas songer; je donnerai tout à son insu; mais sa tranquillité, la comprenez-vous?

LE QUAKER.

Et sa fierté, ne la comprends-tu pas, toi, ami?

LORD TALBOT.

Eh! monsieur, je le connaissais avant vous, je le veux voir. — Je sais comment il faut lui parler. Il faut le forcer de s'occuper de son avenir... et, d'ailleurs, j'ai quelque chose à réparer.

JOHN BELL.

Diable! diable! voilà une méchante affaire; à le voir si bien avec vous, milord, j'ai cru que c'était un vrai gentleman, moi; mais tout cela pourra faire chez moi un esclandre. Tenez, franchement, je désire que ce jeune homme soit averti par vous qu'il ne peut demeurer plus d'un mois ici, milord.

LORD TALBOT, *avec un rire amer.*

N'en parlons plus, monsieur; j'espère, s'il a la bonté d'y venir, que ma maison le dédommagera de la vôtre.

KITTY BELL *revient timidement.*

Avant que Sa Seigneurie se retire, j'aurais voulu lui demander quelque chose, avec la permission de monsieur Bell.

JOHN BELL, *se promenant brusquement au fond de la chambre.*

Vous n'avez pas besoin de ma permission. Dites ce qu'il vous plaira.

KITTY BELL.

Milord connaît-il monsieur Beckford, le lord maire de Londres ?

LORD TALBOT.

Parbleu ! madame, je crois même que nous sommes un peu parents ; je le vois toutes les fois que je crois qu'il ne m'ennuiera pas, c'est-à-dire une fois par an. — Il me dit toujours que j'ai des dettes, et pour mon usage je le trouve sot ; mais en général on l'estime.

KITTY BELL.

Monsieur le docteur m'a dit qu'il était plein de sagesse et de bienfaisance.

LORD TALBOT.

A vrai dire et à parler sérieusement, c'est le plus honnête homme des trois royaumes. Si vous désirez de lui quelque chose... j'irai le voir ce soir même.

KITTY BELL.

Il y a, je crois, ici quelqu'un qui aura affaire à lui, et...

Ici Chatterton descend de sa chambre avec les deux enfants.

JOHN BELL.

Que voulez-vous dire ? Êtes-vous folle ?

KITTY BELL, *saluant.*

Rien que ce qu'il vous plaira.

LORD TALBOT.

Mais laissez-la parler, au moins.

LE QUAKER.

La seule ressource qui reste à Chatterton, c'est cette protection.

LORD TALBOT.

Est-ce pour lui? J'y cours.

JOHN BELL, *à sa femme.*

Comment donc savez-vous si bien ses affaires?

LE QUAKER.

Je les lui ai apprises, moi.

JOHN BELL, *à Kitty.*

Si jamais!...

KITTY BELL.

Oh! ne vous emportez pas, monsieur! nous ne sommes pas seuls.

JOHN BELL.

Ne parlez plus de ce jeune homme.

> *Ici, Chatterton, qui a remis les deux enfants entre les mains de leur mère, revient vers la cheminée.*

KITTY BELL.

Comme vous l'ordonnerez.

JOHN BELL.

Milord, voici votre ami, vous saurez de lui-même ses sentiments.

SCÈNE V

CHATTERTON, LORD TALBOT, LE QUAKER, JOHN BELL, KITTY BELL.

Chatterton a l'air calme et presque heureux. Il jette sur un fauteuil quelques manuscrits.

LORD TALBOT.

Tom, je reviens pour vous rendre un service,... me le permettez-vous ?

CHATTERTON, *avec la douceur d'un enfant dans la voix, et ne cessant de regarder Kitty Bell pendant toute la scène.*

Je suis résigné, George, à tout ce que l'on voudra, à presque tout.

LORD TALBOT.

Vous avez donc une mauvaise affaire avec ce fripon de Skirner? Il veut vous faire arrêter demain.

CHATTERTON.

Je ne le savais pas, mais il a raison.

JOHN BELL, *au quaker*.

Milord est trop bon pour lui; voyez son air de hauteur...

LORD TALBOT.

A-t-il raison?

CHATTERTON.

Il a raison selon la loi. C'était hier que je devais le payer, ce devait être avec le prix d'un manuscrit inachevé, j'avais signé cette promesse; si j'ai eu du chagrin, si l'inspiration ne s'est pas présentée à l'heure dite, cela ne le regarde pas.

Oui, je ne devais pas compter à ce point sur mes forces et dater l'arrivée d'une muse et son départ comme on calcule la course d'un cheval. — J'ai manqué de respect à mon âme immortelle, je l'ai louée à l'heure et vendue. — C'est moi qui ai tort; je mérite ce qu'il en arrivera.

LE QUAKER, *à Kitty*.

Je gagerais qu'il leur semble fou! c'est trop beau pour eux.

LORD TALBOT, *en riant, mais un peu piqué.*

Ah ça! c'est de peur d'être de mon avis que vous le défendez.

JOHN BELL.

C'est bien vrai, c'est pour contredire.

CHATTERTON.

Non... Je pense à présent que tout le monde a raison, excepté les Poètes. La Poésie est une maladie du cerveau. Je ne parle plus de moi, je suis guéri.

LE QUAKER, *à Kitty*.

Je n'aime pas qu'il dise cela.

CHATTERTON.

Je n'écrirai plus un vers de ma vie, je vous le jure; quelque chose qui arrive, je n'en écrirai plus un seul.

LE QUAKER, *ne le quittant pas des yeux.*

Hum! il retombe.

LORD TALBOT.

Est-il vrai que vous comptiez sur monsieur Beckford, sur mon vieux cousin? Je suis surpris que vous n'ayez pas compté sur moi plutôt.

CHATTERTON.

Le lord maire est à mes yeux le gouvernement,

et le gouvernement est l'Angleterre, milord : c'est sur l'Angleterre que je compte.

LORD TALBOT.

Malgré cela, je lui dirai ce que vous voudrez.

JOHN BELL.

Il ne le mérite guère.

LE QUAKER.

Bien ! voilà une rivalité de protections. Le vieux lord voudra mieux protéger que le jeune. Nous y gagnerons peut-être.

On entend un roulement sur le pavé.

KITTY BELL.

Il me semble que j'entends une voiture.

SCÈNE VI

LES MÊMES, M. BECKFORD.

Les jeunes lords descendent avec leurs serviettes à la main et en habit de chasse pour voir le lord maire. Six domestiques portant des torches entrent et se rangent en haie. On annonce le lord maire.

KITTY BELL.

Il vient lui-même, le lord maire, pour monsieur Chatterton! Rachel! mes enfants! quel bonheur! embrassez-moi.

Elle court à eux, et les baise avec transport.

JOHN BELL.

Les femmes ont des accès de folie inexplicables!

LE QUAKER, *à part.*

La mère donne à ses enfants un baiser d'amante sans le savoir.

M. BECKFORD, *parlant haut, et s'établissant pesamment et pompeusement dans un grand fauteuil.*

Ah! ah! voici, je crois, tous ceux que je cherchais réunis. — Ah! John Bell, mon féal ami, il fait bon vivre chez vous, ce me semble! car j'y vois de joyeuses figures qui aiment le bruit et le désordre plus que de raison. — Mais c'est de leur âge.

JOHN BELL.

Milord, Votre Seigneurie est trop bonne de me faire l'honneur de venir dans ma maison une seconde fois.

M. BECKFORD.

Oui, pardieu! Bell, mon ami; c'est la seconde fois que j'y viens... Ah! les jolis enfants que voilà!... Oui, c'est la seconde fois, car la première ce fut pour vous complimenter sur le bel établissement de vos manufactures; et aujourd'hui je trouve cette maison nouvelle plus belle que jamais; c'est votre petite femme qui l'administre, c'est très bien. — Mon cousin Talbot, vous ne dites rien! Je vous ai dérangé, George; vous étiez en fête avec vos amis, n'est-ce pas? Talbot, mon cousin, vous ne serez jamais qu'un libertin; mais c'est de votre âge.

LORD TALBOT.

Ne vous occupez pas de moi, mon cher lord.

LORD LAUDERDALE.

C'est ce que nous lui disons tous les jours, milord.

M. BECKFORD.

Et vous aussi, Lauderdale, et vous, Kingston? toujours avec lui? toujours des nuits passées à chanter, à jouer et à boire? Vous ferez tous une mauvaise fin; mais je ne vous en veux pas, chacun a le droit de dépenser sa fortune comme il l'entend. — John Bell, n'avez-vous pas chez vous un jeune homme nommé Chatterton, pour qui j'ai voulu venir moi-même?

CHATTERTON.

C'est moi, milord, qui vous ai écrit.

M. BECKFORD.

Ah! c'est vous, mon cher! Venez donc ici un peu, que je vous voie en face. J'ai connu votre père, un digne homme s'il en fut; un pauvre soldat, mais qui avait bravement fait son chemin. Ah! c'est vous qui êtes Thomas Chatterton? Vous vous amusez à faire des vers, mon petit ami; c'est bon pour une fois, mais il ne faut pas continuer. Il n'y a personne qui n'ait eu cette fantaisie. Hé! hé! j'ai fait comme vous dans mon printemps, et jamais Littleton, Swift et Wilkes n'ont écrit pour les belles dames des vers plus galants et plus badins que les miens.

CHATTERTON.

Je n'en doute pas, milord.

M. BECKFORD.

Mais je ne donnais aux Muses que le temps perdu. Je savais bien ce qu'en dit Ben Johnson : que la plus belle Muse du monde ne peut suffire à nourrir son homme, et qu'il faut avoir ces demoiselles-là pour maîtresses, mais jamais pour femmes.

Lauderdale, Kingston et les lords rient.

LAUDERDALE.

Bravo, milord! c'est bien vrai!

LE QUAKER, *à part.*

Il veut le tuer à petit feu.

CHATTERTON.

Rien de plus vrai, je le vois aujourd'hui, milord.

M. BECKFORD.

Votre histoire est celle de mille jeunes gens; vous n'avez rien pu faire que vos maudits vers, et à quoi sont-ils bons, je vous prie? Je vous parle en père, moi... à quoi sont-ils bons?— Un bon Anglais doit être utile au pays. — Voyons un peu, quelle idée vous faites-vous de nos devoirs à tous, tant que nous sommes?

CHATTERTON, *à part*.

Pour elle! pour elle! je boirai le calice jusqu'à la lie.

Haut.

Je crois les comprendre, milord. — L'Angleterre est un vaisseau. Notre île en a la forme : la proue tournée au nord, elle est comme à l'ancre, au milieu des mers, surveillant le continent. Sans cesse elle tire de ses flancs d'autres vaisseaux faits à son image, et qui vont la représenter sur toutes les côtes du monde. Mais c'est à bord du grand navire qu'est notre ouvrage à tous. Le roi, les lords, les communes sont au pavillon, au gouvernail et à la boussole; nous autres, nous devons tous avoir les mains aux cordages, monter aux mâts, tendre les voiles et charger les canons : nous sommes tous de l'équipage, et nul n'est inutile dans la manœuvre de notre glorieux navire.

M. BECKFORD.

Pas mal! pas mal! quoi qu'il fasse encore de la poésie; mais en admettant votre idée, vous voyez que j'ai encore raison. Que diable peut faire le Poète dans la manœuvre?

Un moment d'attente.

CHATTERTON.

Il lit dans les astres la route que nous montre le doigt du Seigneur.

LORD TALBOT.

Qu'en dites-vous, milord? Lui donnez-vous tort? Le pilote n'est pas inutile.

M. BECKFORD.

Imagination, mon cher! ou folie, c'est la même chose; vous n'êtes bon à rien, et vous vous êtes rendu tel par ces billevesées. — J'ai des renseignements sur vous... à vous parler franchement... et...

LORD TALBOT.

Milord, c'est un de mes amis, et vous m'obligerez en le traitant bien...

M. BECKFORD.

Oh! vous vous y intéressez, George? Eh bien, vous serez content; j'ai fait quelque chose pour votre protégé, malgré les recherches de Bale... Chatterton ne sait pas qu'on a découvert ses petites ruses de manuscrit; mais elles sont bien innocentes, et je les lui pardonne de bon cœur. Le *Magisterial* est un bien bon écrit; je vous l'apporte pour vous convertir, avec une lettre où vous trouverez mes propositions: il s'agit de cent livres sterling par an.— Ne faites pas le dédaigneux, mon enfant: que diable! votre père n'était pas sorti de la côte d'Adam, il n'était pas frère du roi, votre père; et vous n'êtes bon à rien qu'à ce qu'on vous propose, en vérité. C'est un commencement; vous ne me quitterez pas, et je vous surveillerai de près.

Kitty Bell supplie Chatterton, par un regard, de ne pas refuser. Elle a deviné son hésitation.

CHATTERTON, *il hésite un moment; puis, après avoir regardé Kitty.*

Je consens à tout, milord.

LORD LAUDERDALE.

Que milord est bon!

JOHN BELL.

Voulez-vous accepter le premier toast, milord?

KITTY BELL, *à sa fille.*

Allez lui baiser la main.

LE QUAKER, *serrant la main à Chatterton.*

Bien, mon ami, tu as été courageux.

LORD TALBOT.

J'étais sûr de mon gros cousin Tom. — Allons, j'ai fait tant, qu'il est à bon port.

M. BECKFORD.

John Bell, mon honorable Bell, conduisez-moi au souper de ces jeunes fous, que je les voie se mettre à table. — Cela me rajeunira.

LORD TALBOT.

Parbleu! tout ira, jusqu'au quaker. — Ma foi, milord, que ce soit par vous ou par moi, voilà Chatterton tranquille; allons,... n'y pensons plus.

JOHN BELL.

Nous allons tous conduire milord.

A Kitty Bell.

Vous allez revenir faire les honneurs, je le veux.

Elle va vers sa chambre.

CHATTERTON, *au quaker*.

N'ai-je pas fait tout ce que vous vouliez?

Tout haut, à M. Beckford.

Milord, je suis à vous tout à l'heure, j'ai quelque papiers à brûler.

M. BECKFORD.

Bien, bien!... Il se corrige de la poésie, c'est bien.

Ils sortent.

JOHN BELL *revient à sa femme brusquement.*

Mais rentrez donc chez vous, et souvenez-vous que je vous attends.

Kitty Bell s'arrête sur la porte un moment, et regarde Chatterton avec inquiétude.

KITTY BELL, *à part.*

Pourquoi veut-il rester seul, mon Dieu ?

Elle sort avec ses enfants, et porte le plus jeune dans ses bras.

SCÈNE VII

CHATTERTON, *seul, se promenant.*

Allez, mes bons amis. — Il est bien étonnant que ma destinée change ainsi tout à coup. J'ai peine à m'y fier; pourtant les apparences y sont. — Je tiens là ma fortune. — Qu'a voulu dire cet homme en parlant de mes ruses ? Ah ! toujours ce qu'ils disent tous. Ils ont deviné ce que je leur avouais moi-même, que je suis l'auteur de mon livre. Finesse grossière ! je le reconnais là ! Que sera cette place ? quelque emploi de commis ? Tant mieux, cela est honorable ! Je pourrai vivre sans écrire les choses communes qui font vivre. — Le quaker rentrera dans la paix de son âme que j'ai troublée, et elle! Kitty Bell, je ne la tuerai pas, s'il est vrai que je l'eusse tuée. — Dois-je le croire? J'en doute: ce que l'on renferme toujours ainsi est peu violent; et, pour être si aimante, son âme est bien maternelle. N'importe, cela vaut mieux, et je ne la verrai plus. C'est convenu... autant eût valu me tuer. Un corps est aisé à cacher. — On ne le lui eût pas dit. Le quaker y eût veillé, il pense à tout. Et à présent, pourquoi vivre? pour qui?... — Pour qu'elle vive, c'est assez... Allons... arrêtez-vous, idées noires, ne revenez pas... Lisons ceci...

Il lit le journal.

« Chatterton n'est pas l'auteur de ses œuvres... Voilà qui est bien prouvé. — Ces poèmes admirables sont réellement d'un moine nommé Rowley, qui les avait traduits d'un autre moine du dixième siècle, nommé Turgo... Cette imposture, pardonnable à un écolier, serait criminelle plus tard... Signé... *Bale*...» Bale? Qu'est-ce que cela? Que lui ai-je fait? — De quel égout sort ce serpent?

Quoi! mon nom est étouffé! ma gloire éteinte! mon honneur perdu! — Voilà le juge! le bienfaiteur! Voyons, qu'offre-t-il?

Il décachète la lettre, lit... et s'écrie avec indignation.

Une place de premier valet de chambre dans sa maison!...

Ah! pays damné! terre du dédain! sois maudite à jamais!

Prenant la fiole d'opium.

O mon âme, je t'avais vendue ! je te rachète avec ceci.

Il boit l'opium.

Skirner sera payé ! — Libre de tous ! égal à tous, à présent ! — Salut, première heure de repos que j'aie goûtée ! — Dernière heure de ma vie, aurore du jour éternel, salut ! — Adieu, humiliation, haines, sarcasmes, travaux dégradants, incertitudes, angoisses, misères, tortures du cœur, adieu ! Oh ! quel bonheur, je vous dis adieu ! — Si l'on savait ! si l'on savait ce bonheur que j'ai... on n'hésiterait pas si longtemps !

Ici, après un instant de recueillement devant lequel son visage prend une expression de béatitude, il joint les mains et poursuit.

O Mort, ange de délivrance, que ta paix est douce ! j'avais bien raison de t'adorer, mais je n'avais pas la force de te conquérir. — Je sais que tes pas seront lents et sûrs. Regarde-moi, ange sévère, leur ôter à tous la trace de mes pas sur la terre.

Il jette au feu tous ses papiers.

Allez, nobles pensées écrites pour tous ces ingrats dédaigneux, purifiez-vous dans la flamme et remontez au ciel avec moi !

Il lève les yeux au ciel, et déchire lentement ses poèmes, dans l'attitude grave et exaltée d'un homme qui fait un sacrifice solennel.

SCÈNE VIII

CHATTERTON, KITTY BELL.

Kitty Bell sort lentement de sa chambre, s'arrête, observe Chatterton, et va se placer entre la cheminée et lui. — Il cesse tout à coup de déchirer ses papiers.

KITTY BELL, *à part.*

Que fait-il donc ? Je n'oserai jamais lui parler : Que brûle-t-il ? Cette flamme me fait peur, et son visage éclairé par elle est lugubre.

A Chatterton.

N'allez-vous pas rejoindre milord ?

CHATTERTON *laisse tomber ses papiers ; tout son corps frémit.*

Déjà ! — Ah ! c'est vous ! — Ah ! madame ! à genoux ! par pitié ! oubliez-moi.

KITTY BELL.

Eh ! mon Dieu ! pourquoi cela ? qu'avez-vous fait ?

CHATTERTON.

Je vais partir! — Adieu! — Tenez, madame, il ne faut pas que les femmes soient dupes de nous plus longtemps. Les passions des poètes n'existent qu'à peine. On ne doit pas aimer ces gens-là; franchement, ils n'aiment rien ; ce sont tous des égoïstes. Le cerveau se nourrit au dépens du cœur. Ne les lisez jamais et ne les voyez pas; moi, j'ai été plus mauvais qu'eux tous.

KITTY BELL.

Mon Dieu! pourquoi dites-vous: « J'ai été ? »

CHATTERTON.

Parce que je ne veux plus être poëte; vous le voyez, j'ai déchiré tout. — Ce que je serai ne vaudra guère mieux, mais nous verrons. Adieu! — Écoutez-moi! Vous avez une famille charmante; aimez-vous vos enfants?

KITTY BELL.

Plus que ma vie, assurément.

CHATTERTON.

Aimez donc votre vie pour ceux à qui vous l'avez donnée.

KITTY BELL.

Hélas! ce n'est que pour eux que je l'aime.

CHATTERTON.

Eh! quoi de plus beau dans le monde, ô Kitty Bell! Avec ces anges sur vos genoux, vous ressemblez à la divine Charité.

KITTY BELL.

Ils me quitteront un jour.

CHATTERTON.

Rien ne vaut cela pour vous! — C'est là le vrai dans la vie! Voilà un amour sans trouble et sans peur. En eux est le sang de votre sang, l'âme de votre âme: aimez-les, madame, uniquement et par-dessus tout. Promettez-le-moi!

KITTY BELL.

Mon Dieu! vos yeux sont pleins de larmes, et vous souriez.

CHATTERTON.

Puissent vos beaux yeux ne jamais pleurer et vos lèvres sourire sans cesse! O Kitty! ne laissez entrer en vous aucun chagrin étranger à votre paisible famille.

KITTY BELL.

Hélas! cela dépend-il de nous?

CHATTERTON.

Oui! oui!... Il y a des idées avec lesquelles on

peut fermer son cœur. — Demandez au quaker, il vous en donnera. — Je n'ai pas le temps, moi ; laissez-moi sortir.

Il marche vers sa chambre.

KITTY BELL.

Mon Dieu! comme vous souffrez!

CHATTERTON.

Au contraire. — Je suis guéri. — Seulement, j'ai la tête brûlante. Ah! bonté! bonté! tu me fais plus de mal que leurs noirceurs.

KITTY BELL.

De quelle bonté parlez-vous? Est-ce de la vôtre?

CHATTERTON.

Les femmes sont dupes de leur bonté. C'est par bonté que vous êtes venue. On vous attend là-haut! J'en suis certain. Que faites-vous ici?

KITTY BELL, *émue profondément, et l'œil hagard.*

A présent, quand toute la terre m'attendrait, j'y resterais.

CHATTERTON.

Tout à l'heure je vous suivrai. — Adieu! adieu!

KITTY BELL, *l'arrêtant.*

Vous ne viendrez pas?

CHATTERTON.

J'irai. — J'irai.

KITTY BELL.

Oh! vous ne voulez pas venir.

CHATTERTON.

Madame, cette maison est à vous, mais cette heure m'appartient.

KITTY BELL.

Qu'en voulez-vous faire?

CHATTERTON.

Laissez-moi, Kitty. Les hommes ont des moments où ils ne peuvent plus se courber à votre taille et s'adoucir la voix pour vous... Kitty Bell, laissez-moi.

KITTY BELL.

Jamais je ne serai heureuse si je vous laisse ainsi, monsieur.

CHATTERTON.

Venez-vous pour ma punition? Quel mauvais génie vous envoie?

KITTY BELL.

Une épouvante inexplicable.

CHATTERTON.

Vous serez épouvantée si vous restez.

KITTY BELL.

Avez-vous de mauvais desseins, grand Dieu?

CHATTERTON.

Ne vous en ai-je pas dit assez? Comment êtes-vous là?

KITTY BELL.

Eh! comment n'y serais-je plus?

CHATTERTON.

Parce que je vous aime, Kitty.

KITTY BELL.

Ah! monsieur, si vous me le dites, c'est que vous voulez mourir.

CHATTERTON.

J'en ai le droit, de mourir. — Je le jure devant vous, et je le soutiendrai devant Dieu!

KITTY BELL.

Et moi, je vous jure que c'est un crime : ne le commettez pas.

CHATTERTON.

Il le faut, Kitty, je suis condamné.

KITTY BELL.

Attendez seulement un jour pour penser à votre âme.

CHATTERTON.

Il n'y a rien que je n'aie pensé, Kitty.

KITTY BELL.

Une heure seulement pour prier.

CHATTERTON.

Je ne peux plus prier.

KITTY BELL.

Et moi, je vous prie pour moi-même. Cela me tuera.

CHATTERTON.

Je vous ai avertie ! il n'est plus temps.

KITTY BELL.

Et si je vous aime, moi !

CHATTERTON.

Je l'ai vu, et c'est pour cela que j'ai bien fait de mourir ; c'est pour cela que Dieu peut me pardonner.

KITTY BELL.

Qu'avez-vous donc fait ?

CHATTERTON.

Il n'est plus temps, Kitty ; c'est un mort qui vous parle.

KITTY BELL, *à genoux, les mains au ciel.*

Puissances du ciel ! grâce pour lui.

CHATTERTON.

Allez-vous-en... Adieu !

KITTY BELL, *tombant.*

Je ne le puis plus...

CHATTERTON.

Eh bien donc ! prie pour moi sur la terre et dans le ciel.

Il la baise au front, et remonte l'escalier en chancelant ; il ouvre sa porte et tombe dans sa chambre.

KITTY BELL.

Ah ! — Grand Dieu !

Elle trouve la fiole.

Qu'est-ce que cela ? — Mon Dieu ! pardonnez-lui.

SCÈNE IX

KITTY BELL, LE QUAKER.

LE QUAKER, *accourant.*

Vous êtes perdue... Que faites-vous ici ?

KITTY BELL, *renversée sur les marches de l'escalier.*

Montez vite! montez, monsieur, il va mourir; sauvez-le... s'il est temps.

> *Tandis que le quaker s'achemine vers l'escalier, Kitty Bell cherche à voir, à travers les portes vitrées, s'il n'y a personne qui puisse donner du secours; puis, ne voyant rien, elle suit le quaker avec terreur, en écoutant le bruit de la chambre de Chatterton.*

LE QUAKER, *en montant à grands pas, à Kitty Bell.*

Reste, reste, mon enfant, ne me suis pas.

> *Il entre chez Chatterton et s'enferme avec lui. On devine des soupirs de Chatterton et des paroles d'encouragement du quaker. Kitty Bell monte, à demi évanouie, en s'accrochant à la rampe de chaque marche : elle fait un effort pour tirer à elle la porte, qui résiste et s'ouvre enfin. On voit Chatterton mourant et tombé sur le bras du quaker. Elle crie, glisse à demi morte sur la rampe de l'escalier, et tombe sur la dernière marche.*

> *On entend John Bell appeler de la salle voisine.*

JOHN BELL.

Mistress Bell!

> *Kitty se lève tout à coup comme par ressort.*

JOHN BELL, *une seconde fois.*

Mistress Bell!

Elle se met en marche et vient s'asseoir, lisant sa Bible et balbutiant tout bas des paroles qu'on n'entend pas. Ses enfants accourent, et s'attachent à sa robe.

LE QUAKER, *du haut de l'escalier.*

L'a-t-elle vu mourir ? l'a-t-elle vu ?

Il va près d'elle.

Ma fille ! ma fille !

JOHN BELL, *entrant violemment, et montant deux marches de l'escalier.*

Que fait-elle ici ? Où est ce jeune homme ? Ma volonté est qu'on l'emmène !

LE QUAKER.

Dites qu'on l'emporte, il est mort.

JOHN BELL.

Mort ?

LE QUAKER.

Oui, mort à dix-huit ans ! Vous l'avez tous si bien reçu, étonnez-vous qu'il soit parti !

JOHN BELL.

Mais...

LE QUAKER.

Arrêtez, monsieur, c'est assez d'effroi pour une femme.

ACTE III, SCÈNE IX.

Il regarde Kitty et la voit mourante.

Monsieur, emmenez ses enfants! Vite, qu'ils ne la voient pas.

Il arrache les enfants des pieds de Kitty, les passe à John Bell, et prend leur mère dans ses bras. John Bell les prend à part, et reste stupéfait. Kitty Bell meurt dans les bras du quaker.

JOHN BELL, *avec épouvante.*

Eh bien! eh bien! Kitty! Kitty! qu'avez-vous?

Il s'arrête en voyant le quaker s'agenouiller.

LE QUAKER, *à genoux.*

Oh! dans ton sein! dans ton sein, Seigneur, reçois ces deux martyrs!

Le quaker reste à genoux, les yeux tournés vers le ciel, jusqu'à ce que le rideau soit baissé.

SUR

LES REPRÉSENTATIONS

DU

DRAME

JOUÉ LE 12 FÉVRIER 1835 A LA COMÉDIE-FRANÇAISE

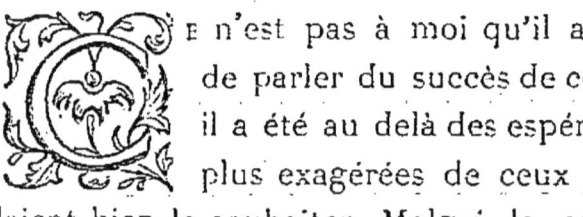e n'est pas à moi qu'il appartient de parler du succès de ce drame; il a été au delà des espérances les plus exagérées de ceux qui voulaient bien le souhaiter. Malgré la conscience qu'on ne peut s'empêcher d'avoir de ce qu'il y a de passager dans l'éclat du théâtre, il y a aussi quelque chose de grand, de grave et presque religieux dans cette alliance contractée

avec l'assemblée dont on est entendu, et c'est une solennelle récompense des fatigues de l'esprit. — Aussi serait-il injuste de ne pas nommer les interprètes à qui l'on a confié ses idées dans un livre qui sera plus durable que les représentations du drame qu'il renferme. Pour moi, j'ai toujours pensé que l'on ne saurait rendre trop hautement justice aux acteurs, eux dont l'art difficile s'unit à celui du poëte dramatique, et complète son œuvre. — Ils parlent, ils combattent pour lui, et offrent leur poitrine aux coups qu'il va recevoir, peut-être; ils vont à la conquête de la gloire solide qu'il conserve, et n'ont pour eux que celle d'un moment. Séparés du monde qui leur est bien sévère, leurs travaux sont perpétuels, et leur triomphe va peu au delà de leur existence. Comment ne pas constater le souvenir des efforts qu'ils font tous, et ne pas écrire ce que signerait chacun de ces spectateurs qui les applaudissent avec ivresse?

Jamais aucune pièce de théâtre ne fut mieux jouée, je crois, que ne l'a été celle-ci, et le mérite en est grand; car, derrière le drame écrit, il y a comme un second drame que l'écriture n'atteint pas, et que n'expriment pas les paroles. Ce drame repose dans le mystérieux amour de Chatterton et de Kitty Bell ; cet amour qui se devine toujours et ne se dit jamais ; cet amour de deux êtres si purs, qu'ils n'oseront jamais se parler, ni rester seuls qu'au moment de la mort ; amour qui n'a pour expression que de timides regards, pour message qu'une Bible, pour messagers que deux enfants, pour caresses que la trace des lèvres et des larmes que ces fronts innocents portent de la jeune mère au poète ; amour que le quaker repousse toujours d'une main tremblante et gronde d'une voix attendrie. Ces rigueurs paternelles, ces tendresses voilées, ont été exprimées et nuancées avec une perfection rare et un goût exquis. Assez d'autres se chargeront de juger et de critiquer les acteurs ; moi, je me plais à dire ce qu'ils avaient à vaincre, et en quoi ils ont réussi.

L'onction et la sérénité d'une vie sainte et courageuse, la douce gravité du quaker, la profondeur de sa prudence, la chaleur passionnée de ses sympathies et de ses prières, tout ce qu'il y a de sacré et de puissant dans son intervention paternelle, a été parfaitement exprimé par le talent savant et expérimenté de M. Joanny. Ses cheveux blancs, son aspect vénérable et bon, ajoutaient à son habileté consommée la naïveté d'une réalisation complète.

Un homme très jeune encore, M. Geffroy, a accepté et hardiment abordé les difficultés sans nombre d'un rôle qui, à lui seul, est la pièce entière. Il a dignement porté ce fardeau, regardé comme pesant par les plus savants acteurs. Avec une haute intelligence, il a fait comprendre la fierté de Chatterton dans sa lutte perpétuelle, opposée à la candeur juvénile de son caractère; la profondeur de ses douleurs et de ses travaux, en contraste avec la douceur paisible de ses penchants; son accablement, chaque fois que le rocher qu'il roule retombe sur lui pour l'écraser; sa dernière indignation et sa résolution subite de mourir, et par-dessus tous ces traits, exprimés avec un talent souple, fort et plein d'avenir, l'élévation de sa voix lorsque enfin il a délivré son âme et la sent libre de retourner dans sa véritable patrie.

Entre ces deux personnages s'est montrée, dans toute la pureté idéale de sa forme, Kitty Bell, l'une des rêveries de Stello. On savait quelle tragédienne on allait revoir dans madame Dorval; mais avait-on prévu cette grâce poétique avec laquelle elle a dessiné la femme nouvelle qu'elle a voulu devenir? Je ne le crois pas. Sans cesse elle fait naître le souvenir des Vierges maternelles de Raphaël et des plus beaux tableaux de la Charité; — sans efforts elle est posée comme elles; comme elles aussi, elle porte, elle emmène, elle assied ses enfants, qui ne semblent jamais pouvoir être séparés de leur gracieuse mère; offrant ainsi aux peintres des groupes dignes de leur étude, et qui ne semblent pas étudiés. Ici sa voix est tendre jusque dans la douleur et le désespoir; sa parole lente et mélancolique est celle de l'abandon et de la pitié; ses gestes, ceux de la dévotion bienfaisante; ses regards ne cessent de demander grâce au ciel pour l'infortune; ses mains sont toujours prêtes à se croiser pour la prière; on sent que les élans de son cœur, contenus par le devoir, lui vont être mortels aussitôt que l'amour et la terreur l'auront vaincue. Elle est bonne et modeste jusqu'à ce qu'elle soit surprenante d'énergie, de tragique grandeur et d'inspirations imprévues, quand l'effroi fait enfin sortir au dehors tout le cœur d'une femme et d'une amante. Elle est poétique dans tous les détails de ce rôle qu'elle caresse avec amour, et dans son ensemble qu'elle paraît avoir composé avec prédilection, montrant enfin sur la scène française le talent le plus accompli dont le théâtre se puisse enorgueillir.

Ainsi ont été présentés les trois grands caractères sur lesquels repose le drame. Trois autres personnages, dont les premiers sont les victimes, ont été rendus avec une rare vérité. John Bell est bien l'égoïste, le calculateur bourru ; bas avec les grands, insolent avec les petits. Le lord maire est bien le protecteur empesé, sot, confiant en lui-même, et ces deux rôles sont largement joués. Lord Talbot, bruyant, insupportable et obligeant sans bonté, a été représenté avec élégance, ainsi que ses amis importuns.

J'avais désiré et j'ai obtenu que cet ensemble offrît l'aspect sévère et simple d'un tableu flamand, et j'ai pu ainsi faire sortir quelques vérités morales du sein d'une famille grave et honnête ; agiter une question sociale, et en faire découler les idées de ces lèvres qui doivent les trouver sans effort, les faisant naître du sentiment profond de leur position dans la vie.

Cette porte est ouverte à présent, et le peuple le plus impatient a écouté les plus longs développements philosophiques et lyriques.

Essayons à l'avenir de tirer la scène du dédain où sa futilité l'ensevelirait infailliblement en peu de temps. Les hommes sérieux et les familles honorables qui s'en éloignent pourront revenir à cette tribune et à cette chaire, si l'on y trouve des pensées et des sentiments dignes de graves réflexions.

SUR LES OEUVRES

DE CHATTERTON

Je ne puis me résoudre à quitter une idée sans l'avoir épuisée. J'aurais des remords involontaires d'abandonner ce nom de Chatterton dont je me suis fait une arme, sans dire hautement tout ce qui sert à l'honorer et tout ce qui atteste la puissance de ce jeune et profond esprit.

La Société ne veut jamais avoir tort. Sitôt qu'elle a fait une victime, elle l'accuse et cherche à la déshonorer pour n'avoir plus de remords. Cela est plus facile que de s'amender. Il y a tant de cœurs qui se sentent soulagés en se persuadant qu'un malheureux était un infâme; cela dit, on pense à autre chose.

Chatterton venait d'expirer depuis peu de jours, lorsque parurent à la fois un poème burlesque et un pamphlet sur sa mort. — Chose plaisante apparemment, comme chacun sait. — Les bouffons et les diffamateurs sont de tous les temps; mais d'ordinaire ils ne suivent un homme que jusqu'à son cimetière, et ne vont pas plus loin. Chatterton a conservé les siens au delà. On ne sait plus leurs noms, même en Angleterre, il est vrai : c'est une justice qui se fait partout; mais leurs libelles se sont conservés, et, quand on a voulu écrire sur Chatterton, on a trop souvent copié le pamphlet au lieu de l'histoire.

Il m'avait semblé qu'on pouvait avoir plus de pitié de la gloire d'un enfant. Après tout, sa vie n'a de criminel que sa mort, crime commis contre lui-même, et je ne vois d'incontestable, d'authentique et de prouvé que le prodige de ses travaux.

Laissons à l'Angleterre le regret de son malheur, et le regret, plus grand peut-être, de la persécution de ses cendres. Ne partageons pas avec elle cette faute dont elle s'est déjà repentie ¹, et mesurons le poète à son œuvre.

A l'école de charité de Bristol, fondée par Edward Colston, écuyer, se trouve un enfant taciturne et insouciant en apparence, qui, un jour, sort de son silence, et lit une satire qu'il vient d'écrire en vers. Ce jour-là, il venait d'avoir onze ans et demi. Cette tendre voix jette son premier cri, et c'est l'indignation qui le lui arrache à la vue d'un prêtre qui a changé de religion pour de l'argent.

Un humble *assistant*, ou sous-maître de l'école, nommé Thomas Philippe, l'écoute et l'encourage. Il part, il est poète, il écrit. Il fait des élégies, des poèmes, une prophétie lyri-

---

¹ Warton, parlant de Chatterton, l'appelle *prodigy of genius*, et récemment un poète, un homme de bien, Wordsworth a dit :

I thought of Chatterton, *the marvellous boy*,
The sleepleess soul that perished in his pride...
Of him who walked in glory and in joy,
Following his plough, along the mountain side.
By our own spirits we are deified :
We poets in our youth begin in gladness,
But thereof comes in the end despondency and madness.

WORDSWORTH. *Resolution and Independence.*
Stanza, 7 th.

que, un poème héroïque¹ et satirique, un chant dans le goût d'Ossian². A quatorze ans, il a imprimé trois volumes. Il étudie, il examine tout : astronomie, physique, musique, chirurgie, et surtout les antiquités saxonnes³. Il s'arrête là et s'y attache. Il invente Rowley; il se fait une langue du xve siècle, et quelle langue! une langue poétique, forte, pleine, exacte, concise, riche, harmonieuse, colorée, enflammée, nuancée à l'infini ; retentissante comme un clairon, fraîche et énergique comme un hautbois, avec quelque chose de sauvage et d'agreste qui rappelle la montagne et la

---

[1] *The Consuliad.*

[2] *Gorthmund.*

[3] Un de ses compagnons de collège écrit ceci :

In the course of that year, 1764 wherein, I frequently saw and conversed with Chatterton, the excentricity of his mind seems to have been singularly displayed. One day he might be found busily employed in the study of heraldry and English antiquities, both of which are numbered amongst the most favourite of his pursuits; the next discovered him deeply engaged confounded and perplexed amidst the subtelties of metaphysical disquisition, or lost and bewildered in the abstruse labyrinth of mathematical researches; and these in an instant again neglected and thrown aside to make room for astronomy and music. Even physic, was not without a charm to allure his imagination and he would talk of Galen Hippocrates, and Paracelsus, with all the confidence and familiarity of a modern empiric.

cornemuse du pâtre saxon. Or, avec cette langue savante, voici ce qu'il a fait en trois ans et demi, car il n'avait pas tout à fait dix-huit ans le jour de sa mort.

La Bataille d'Hastings, poème épique en deux chants. *OElla*, tragédie épique. *Goddwyn*, tragédie. *Le Tournoi*, poème. *La Mort de sire Charles Baudoin*, poème. *Les Métamorphoses anglaises*. *La Ballade de Charité*. Trois poèmes intitulés : *Vers à Lydgate*. Trois églogues. *Élinoure et Juga*, poème. Deux poèmes sur l'église Notre-Dame. L'épitaphe de Robert Canning, et son histoire, c'est-à-dire un ensemble de plus de quatre mille vers. Et ce qu'il a fallu joindre de savoir à l'inspiration donnera à quiconque l'étudiera sérieusement un étonnement qui tient de l'épouvante. Pic de la Mirandole, ce savant presque fabuleux, fut moins précoce et moins grand. On le sent, Chatterton, s'il ne fût mort de son désespoir, fût mort de ses travaux.

Qu'il me soit permis de donner ici quelques fragments de ses poèmes, pour faire mieux apprécier l'immensité de ses recherches savantes et la vigueur précoce de son talent.

Le plus important des poèmes de Chatterton est la *Bataille d'Hastings*. Sa forme est homérique, et l'on trouve même à chaque pas des vers grecs traduits en vieux anglais. Rowley est censé traduire Turgot [1].

« Turgot, né à Bristol, de parents saxons, et moine de l'église de Duresme. » — Turgot est l'Homère de cette Iliade. Il s'écrie :

« Y, tho' a Saxon, *yet the truth will tell.* »

Et il rend justice à la bravoure fatale des conquérants normands. Ce caractère donne une sauvage grandeur à tout le poème. Je ne citerai ici que le début des deux chants, interrompus en 1770 par la mort de Chatterton. Je joindrai seulement au texte la traduction, en anglais moderne, des mots qui ont vieilli jusqu'à devenir presque inintelligibles.

---

[1] Turgottus, born of Saxonne parents in Briston Towne; a monk of the church of Duresme.

BATTLE OF HASTINGS

Nº I

DÉBUT DU PREMIER CHANT

IL A 564 VERS

O Chryste, it is a grief for me to telle
How manie a nobil erle and valrous knyghte
In fyghtynge for kynge Harrold noblie fell,
Al sleyne in Hastings feeld in bloudie fyghte.
O sea! ur teeming donore[1], han thy floude,
Han anie fructuous entendement[2].
Thou wouldst have rose and sank wyth thyde of bloude,
Before Duke Wyllyam's knyghtes han hither went;
Whose cowart arrows manie erles sleyne,
And brued[3] the feeld wyth bloude as season rayne.

1 Prolific, benefactress.— 2 Useful meaning.— 3 Embrued.

*And of his knyghtes did eke full manie die,
All passyng hie, of mickle myghte ech one,
Whose poygnant arrowes, typp'd with destynie,
Caus'd manie wydowes to make myckle mone.*

*Lordynges, avaunt, that, chycken-harted are,
From out of hearynge quicklie now departe;
Full well I wote [1], to synge of bloudie warre
Will greeve your tenderlie and maiden harte.
Go, do the weaklie womman inn mann's geare [2],
And scond [3] your mansion if brymn war come there.*

*Soone as the erlie maten belle was tolde,
And sonne was come to byd us all good daie,
Bothe armies on the feeld, both brave and bolde,
Prepar'd for fyghte, in champyon arraie.
As when two bulles, destynde for Hocktide fyghte,
Are yoked bie the necke within a sparre [4],
Theie rend the erthe, and travellyrs affryghte,
Lackynge to gage the sportive bloudie warre;
So lacked Harroldes menne to como to blowes,
The Normans lacked for to wielde their bowes.*

*Kynge Harrolde, turnynge to hys leegemen [5], spake:
My merrie men, be not caste downe in mynde:
Your onlie lode [6] for aye to mar or make
Before you sunne has donde his welke [7] you'll fynde.
Your lovyng wife, who erst dyd rid the londe
Of Lurdanes [8], and the treasure that you han,
Wyll falle into the Normanne robber's honde
Unlesse with honde and harte you plaie the manne.*

[1] Know. — [2] Dress. — [3] Abscond from, quit. — [4] Bar, enclosure. — [5] Subjects. — [6] Praise, honour. — [7] Finished his course. — [8] Lord Danes.

Cheer up youre hartes, chase sorrowe farre awaie,
Godde and seyncte Cuthbert be the worde to daie.

And thenne Ducke Wyllyam to his knyghtes did saie:
My merrie menne, be bravelie, everiche [1]*;*
Gif I do gayn the honore of the daie,
Ech one of you I will make myckle riche.
Beer you in mynde, we for a kyngdomm fyghte;
Lordshyppes and honores ech one shall possesse;
Be this the worde to daie, Gad and my Ryghte;
Ne doubt but God will oure true cause blesse.

The clarions [2] *then sounded sharpe and shrille;*
Deathdoeynge blades were out intent to kille.

And brave Kyng Harrolde had nowe donde his saie [3]*;*
He therew wythe myghte amayne [4] *his shorte horse-spear:*
The noise it made the duke to turc awaie,
And hytt his Knyghte, de Beque, upon the ear,
His cristede [5] *beaver dyd hym smalle abounde* [6]*;*
The cruel spear went thorough all his hede;
The purpel bloude came goushynge to the grounde,
Ant at Duke Wyllyam's feet he tumbled deade:

So fell the myghtie tower of Standrip, whenne
It felte the furie of the Danish menne.

O Afflem, son of Cuthbert, holie sayncte,
Come ayde thy freend, and shewe Duke Wyllyam's payne;
Take up thy pencyl, all hys features paincte;
Thy coloryng excells a synger strayne.

---

[1] Every one. — [2] Trumpets. — [3] Put on his military coat. — [4] Great force. — [5] Crested helmet. — [6] Benefit, or service.

Duke Wyllyam sawe hys freends sleyne piteouslie,
Hys louynge freende whome he muche honored,
For he han lovd hym from puerililie [1]
And theie together bothe han bin ybred :
　O ! in Duke Wyllyam's harte it raisde a flame,
To whiche the rage of emptie wolwes is tame.

On peut se faire une idée de ce qu'il a fallu de pénétration, d'aptitude, de savoir, pour écrire ainsi environ quatre mille vers, et se reporter, avec une justesse de langage si parfaite, à l'époque où la langue française allait envahir la langue saxonne et se mêlait avec elle. De cette union est né l'anglais moderne; et nous avons dans Jean de Wace (roman de Rou) de vieux vers où semble se former cette alliance :

> *Quand la bataille fut mostré*
> *La noit avant le di quaté*
> *Furent Engleis forment hastie*
> *Mult riant et mult envesie ;*
> *Tote noit mangierent et burent*
> *Mult le veiller demeuer :*
> *Treper et saillir et chanter*
> *Lublie crie et weisseil*
> *Laticome et drinck heil*
> *Drinc hindrewart and drinc to me*
> *Drinc helf and drinc to me.*

C'est aussi la relation du débarquement de

---

[1] Childhood.

Guillaume le Conquérant, et Chatterton s'en est peut-être inspiré.

N° 2

DÉBUT DU SECOND CHANT

IL A 720 VERS

Oh truth! immortal doughter of the skies,
 Too lyttle known to wryters of these daies,
Teach me, fayre Saincte! thy passynge worthe to pryze,
To blame a friend and give a foeman prayse.
The fickle moone, bedeckt withe sylver rays,
Leadynge a traine of starres of feeble lyghte,
With look adigne [1] the worlde belowe surveies,
The world that wotted [2] not it could be nyghte;
Wyth armour dyd [3], with human gore ydeyd [4],
She sees Kynge Harolde stande, fayre Englands curse and pryde

With ale and vernage [5] drunck his souldiers lay;
Here was an hynde, anie an erlie spredde;

---

1 Of dignity. — 2 Knew. — 3 It should be spelt dyght, cloathed or prepared. — 4 Dyed. — 5 A sort of wine.

Sad keepynge of their leaders natal daie!
This even in drinke, too morrow with the dead!
Thro' everie troope disorder reer'd her hedde;
Dancynge and heideignes [1] *was the onlie theme;*
Sad dome was theires, who lefte this easie bedde,
And wak'd in torments from so sweet a dream.

[1] Romping, or countrydances.

LES

MÉTAMORPHOSES ANGLAISES

LES *Métamorphoses anglaises* de Chatterton peuvent être regardées comme une imitation d'Ovide, un poème mythologique. On peut remarquer qu'il n'a point choqué la vraisemblance en les attribuant à Rowley, son moine idéal du XVe siècle; car je vois qu'il y avait une traduction française des *Métamorphoses* d'Ovide dans la bibliothèque du duc Humphrey, et une autre écrite par un ecclésiastique normand en 1467.

Ce poème est fondé sur une partie de l'histoire de Geoffroy de Montmouth, qui décrit le débarquement de *Brutus*, le partage de son royaume, l'histoire de sa mort, et la fin de son fils aîné *Locrine*, dans la guerre que firent contre lui *Guendolen*, sa femme; la vengeance qu'il tira d'*Elstride*, sa maîtresse, et de sa sœur *Sabrina*, en les faisant noyer dans la *Severne*, et l'ordre qu'il donna que cette rivière portât son nom. Les principaux faits sont pris dans cette histoire. Il y avait eu aussi en Angleterre une tragédie sur ce sujet, intitulée *Locrine*, qui, pendant quelque temps, fut attribuée à Shakespeare, mais rayée depuis de ses œuvres.

Voici le commencement de ce poème :

ENGLISH METAMORPHOSIS

Bie T. ROWLEIE

BOOK I

Whanne *Scythyannes, salvage as the wolves theie chaccle
 Peynted in horrowe*[1] *formes bie nature dyghte*[2],
Heckeled[3] *yn beastskyns, slepte uponne the vas*

---

[1] Unsemly, disagreable. — [2] Dresse. — [3] Wrapped.

And wyth the morneynge rouzed the wolfe to fyghte,
Swefte as descendeynge lemes [1] *of roddie lyghte,*
Plonged to the hulstred [2] *bedde of laveynge* [3] *seas,*
Gerd [4] *the blacke mountayn. Okes in drybblets* [5] *twighte* [6]
And ranne yn thoghte alonge the azure mees,
Whose eyne dyd feerie sheene, like blue-hayred defs [7]*,*
   Dreerie hange upon Dover's emblaunched [8] *clefs.*

Un mois avant sa mort, Chatterton envoya la ballade qui suit à l'éditeur du journal appelé *Town and Country Magazine*. Ce sont les derniers vers qu'il ait écrits, et c'est pour cela que je les ai choisis. Outre une rare perfection de style et de rythme, j'y trouve le jeune poète mieux représenté que dans des œuvres plus imposantes; j'y vois une morale pure et toute fraternelle, enveloppée dans une composition simple, qui rappelle la parabole du Samaritain; une satire très fine, amenée sans effort, et ne dépassant jamais les idées et les

---

[1] Rays. — [2] Hidden, secret. — [3] Washing. — [4] Broke, rent, struck. — [5] Small pieces. — [6] Pulled, rent. — [7] Vapours, *rather* spectres. — [8] White.

expressions du siècle où elle semble écrite; et, au fond de tout cela, le sentiment sourd, profond, désolant, inexorable d'une misère sans espérance, et que la Charité même ne saurait consoler.

AN

EXCELLENTE BALADE OF CHARITIE

AS WROTEN BIE THE GODE PRIESTE

THOMAS ROWLEY, 1464

In virgyne the sweltrie sun gan sheene,
And hotte upon the mees did caste his rcie;
The appe rodded its palie green,
And the mole peare did bende the leafy spraice;
The peede chelandri sung the livelong daie:
'T was nowe the pride, the manhode of the yeare,
And eke the grounde was dighte in ist mose defte aumere,
The sun was glemeing in the midde of daie;
Deadde still the aire, and eke the welken blue,
When from the sea arist in drear arraie

NOTES. 411

A hepe of cloudes of sable sullen hue,
The which full fast unto the woodlande drewe,
Hiltring attenes the sunnis fetive face,
And the blacke tempeste swolne and gathered up apace.

Beneathe an holme, faste by a pathwaie side,
Which dide unto seyncte Godwine's covent lede,
A happless pilgrim moneynge did abide,
Pore in his viewe, ungentle in his weed,
Longe bretful of the miseries of neede.
Where from the hail-stone coulde the almer flie?
He had no housen theere, ne anie covent nie.

Look in his glommed face, his sprighte there scanne;
Howe woe-be-gone, how withered, frowynd, deade!
Haste to thie church-glebe-house, asshrewed manne!
Haste to thie kiste, thie onlie dortoure bedde.
Cale, as the claie whiche will gre on thie hedde,
Is Charitie and Lowe aminge highe elves;
Knightis and Barrons live for pleasure and themselves.

The gathered storme is rype; he bigge drops falle;
The forswat meadowes smethe, and drenche the raine;
The comyng ghastness do the cattle pall,
And the full flockes are drivynge oer the plaine;
Dashde from the cloudes the waters flott againe;
The welkin opes; the yellow levynne flies;
And the hot fierie smothe in the wide lowings dies.

Liste! now the thunder's rattling clymmynge sound
Cheves slowlie on, and then embollen clangs,
Shake the hie spyre, and lofft, dispended, drown'd,
Still on the gallard eare of terroure hanges;
The windes are up; the lofty elmen swanges;
Again the levynne and the thunder poures,
And the fulle cloudes are braste attenes in stonen showers.

Spurreynge his palfrie oere the watrie plaine,
The Abbote of Seyncte Godwynes convente came;
His chapournette was drented with the reine,
And his pencte gyrdle met with mickle shame;
He aynewarde tolde his bederoll at the same;
The storme encreasen, and he drew aside,
With the mist almes craver neere to the holme to bide.
His cope was all of Lyncolne clothe so fyne,
With a gold button fasten'd neere his chynne;
His autremete was edged with golden twynne,
And his shoone pyke a loverds mighte have binne;
Full welle it shewn he thoughten coste no sinne;
The trammels of the palfrye pleasde his sighte,
For the horse-millanare his head with roses dighte.
An almes, sir priest! the droppynge pilgrim saide,
O! let me waite within your convente dore,
Till the sunne sheneth hie above our heade,
And the loude tempeste of the aire is oer;
Helpless and ould am I, alas; and poor;
No house, ne friend, ne moneie in my pouche;
All yatte I all my owne is this my silver crouche.

Varlet, replyde the Abatte, cease your dinne;
This is no season almes ad prayes to give;
Mie porter never lets in faitour in;
None touche mie rynge who not in honour live.
And nowe the sonne with the blacke cloudes did stryve,
And shettynge on the grounde his glarrie raie,
The Abbate spurrde his steede, and eftsoones roadde awaie.

Once moe the skie was wblacke, the thounder rolde;
Faste reyneynge oer the plaine a priest was seen;
Ne dighte full proude, ne buttoned in golde;
His cop and jape were graie, and eke were clene;
A Limitoure he was of order seene;

*And from the pathwaie side then turned he,
Where the pore almer laie binethe the holmen tree.
An almes, sir priest! the droppynge pilgrim saide,
For sweete Seyncte Marie and your order sake.
The Limitoure then loosen'd his pouche threade,
And did thereonte a groate of silver take;
The mister pilgrim dyd for halline shake.
Here take this silver, it maie eathe thei care;
We are Goddes stewards all, nete of oure owne we bare.*

*But ah! unhailie pilgrim, lerne of me,
Scathe anie give a rentrollo to their Lorde.
Here take my semecope, thou arte bare I see;
'Tis thyne; the Seynctes will give mie rewarde.
He left the pilgrim, and his waie aborde.
Virgynne and hallie Seyncte, who sitte yn gloure,
Or give the mittee will, or give the goed man power.*

L'EXCELLENTE BALLADE DE CHARITÉ

COMME ELLE FUT ÉCRITE PAR LE BON PRÊTRE

THOMAS ROWLEY, 1464

C'ÉTAIT vers le mois de la Vierge, lorsque le soleil lançait ses rayons dévorants et les faisait briller sur les prairies échauffées. La pomme quittait son vert pâle et rougissait, et la molle poire faisait plier la branche touffue. Le chardonneret chantait tout le long du jour; c'était alors la gloire et la virilité de l'année, et la terre était vêtue de sa plus belle parure de gazon. Le soleil était rayonnant au milieu du jour, l'éclair calme et mort, le ciel tout bleu. Et voilà qu'il se lève sur la mer un amas de nuages d'une couleur noire, qui s'avancent au dessus des bois en cachant le front éclatant du soleil. La noire tempête s'enfle, et s'étend à tire-d'aile.

Sous un chêne planté près du chemin qui conduit au couvent de Saint-Godwin, s'est arrêté un triste pèlerin, pauvre d'aspect, pauvre d'habits, depuis longtemps plein de misère et de besoins. Où pourra-t-il s'enfuir et se mettre à l'abri de la grêle? Il n'y a près de là ni maison ni couvent.

Sa figure pâle atteste les craintes de son âme ; il est misérable, désolé, à demi mort. Il s'avance vers le dernier lit du dortoir, vers la fosse, aussi froid que la terre qui couvrira sa tête. La charité et l'amour se trouvent-ils parmi les puissants du monde, les chevaliers et les barons, qui vivent pour le plaisir et pour eux-mêmes?

La tempête qui se préparait est mûre; de larges gouttes tombent déjà; les prairies brûlées boivent la pluie avec ardeur et remplissent l'air de vapeurs. L'orage prochain effraye les troupeaux, qui s'enfuient dans la plaine. La pluie tombe par torrents des nuages. Le ciel s'ouvre; le jaune éclair brille, et les vapeurs enflammées vont mourir au loin.

Écoutez! A présent résonne le roulement du tonnerre: il s'avance lentement et semble s'accroître, il ébranle le clocher dont l'aiguille se balance là-bas, puis il diminue et se perd tout-à-fait. Cependant l'oreille effrayée l'écoute encore. Les vents se lèvent tous; l'orme baisse la tête; l'éclair brille de nouveau, et le tonnerre éclate : les nuages gonflés s'ouvrent et lancent à la fois une grêle de pierres.

Monté sur son palefroi, l'abbé de Saint-Godwin se dirige vers le couvent, à travers la plaine humide et ruisselante. Son petit chaperon est percé par la pluie, et sa ceinture peinte est très endommagée. Il dit son chapelet à rebours, ce qui montre son déplaisir; l'orage s'accroît; il cherche un abri près du chêne où le malheureux s'était réfugié. Son manteau est du plus beau drap de Lyncolne, attaché sous le menton par un bouton d'or; sa robe blanche ornée de franges d'or, ses souliers relevés comme ceux d'un seigneur montrent bien qu'il ne considère pas la richesse comme un péché. Les beaux harnais lui plaisent, ainsi que les ornements de la tête de son cheval.

— La charité, seigneur prêtre! dit le malheureux pèlerin épuisé; permettez-moi d'entrer dans votre couvent jusqu'à ce que le soleil vienne luire sur nos têtes, et que la bruyante tempête de l'air soit passée. Je suis vieux, pauvre et sans secours; je n'ai ni maison, ni ami, ni bourse : tout mon bien est ce crucifix d'argent.

— Tais-toi, misérable! dit l'abbé, ce n'est pas le temps de demander l'aumône ou des prières: mon portier ne laisse jamais entrer les vagabonds : je ne reçois que celui qui vit honorablement.

Le soleil en ce moment luttait contre les sombres nuages, et lançait un de ses rayons les plus brillants; l'abbé pique son coursier et disparaît bientôt.

Encore une fois le ciel se couvre de lourdes nuées; le tonnerre gronde. On voit un prêtre qui traverse la plaine; l'habillement de celui-là n'avait rien de brillant et n'avait point de boutons d'or; son capuchon et son petit manteau étaient gris, mais très propres; c'était un moine des ordres mendiants. Se détournant du grand chemin, il se dirige vers le chêne où le pauvre s'est abrité.

— La charité, sire prêtre! dit le pèlerin exténué, pour l'amour de Sainte-Marie et celui de son ordre.

Le moine alors détache sa bourse et en tire un *groat*** d'argent. Le pauvre pèlerin tremble de joie.

— Tiens, prends cet argent, il pourra te soulager, malheureux pèlerin; nous ne sommes tous que les mendiants du Ciel, et nous n'avons rien qui nous appartienne réellement. Mais apprends de moi que nous rendons bien rarement un compte fidèle à Notre-Seigneur. Allons, prends mon manteau; tu es presque nu, à ce que je vois; il est à toi. Les saints sauront bien m'en dédommager.

Il quitte le pèlerin et poursuit son chemin. — O Vierge, et vous tous, Saints qui vivez en gloire, donnez la bonne volonté au riche ou la subsistance au pauvre.

Il faut se garder de juger Chatterton sur cette ballade, et cette ballade sur une imparfaite traduction. Mais ce sera en étudiant toutes ses œuvres, qui méritent un travail spécial et

* Quatre *pence*.

complet, que l'on appréciera la beauté simple des conceptions, la fraîcheur et la vérité des couleurs, et la finesse de l'exécution, où rien n'est négligé dans la science du détail, et où brillent toutes les richesses du rythme et de la rime. On verra, en apprenant ce langage renouvelé, de quelle force de tête était doué le jeune Anglais, et quelle devait être l'infortune qui a brisé de si hautes facultés.

J'ai vu dans une ancienne église, en Normandie, une pierre tumulaire, posée en expiation, par ordre du pape Léon X, sur le corps d'un jeune homme mis à mort par erreur. Moins durable sans doute que cette pierre, puisse ce drame être, pour la mémoire du jeune poète, un LIVRE EXPIATOIRE! Puissions-nous surtout, dans notre France, avoir une pitié qui ne soit pas stérile pour les hommes dont la destinée ressemble à celle de Chatterton, mort à dix-huit ans.

Mars 1835.

TABLE

LA MARÉCHALE D'ANCRE I

QUITTE POUR LA PEUR 201

CHATTERTON 255

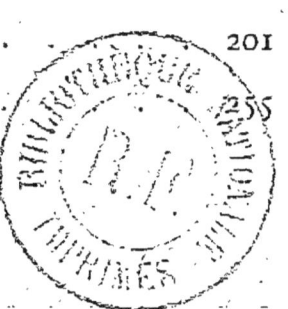

Achevé d'imprimer

Le premier juin mil huit cent quatre-vingt six

PAR

ALPHONSE LEMERRE

25, RUE DES GRANDS-AUGUSTINS

A PARIS

www.ingramcontent.com/pod-product-compliance
Lightning Source LLC
Chambersburg PA
CBHW070921230426
43666CB00011B/2269